TDAH

Transtorno do Déficit de Atenção com Hiperatividade

Diagnosticando Crianças & Adultos

Marcus Deminco

Sumário

Nota de Esclarecimento

O verbo diagnosticar, deriva das expressões gregas "dia", que quer dizer "através de, durante, por meio de" e "gignósko" que significa "conhecer, saber". A definição da palavra trazida pelo dicionário da Língua Portuguesa, conceitua diagnóstico como o conhecimento de uma doença através dos seus sintomas, sinais e/ou diversos exames. Na prática clínica, o diagnóstico, geralmente, é o resultado da análise realizada através da observação dos sintomas manifestados no presente e/ou no passado. É considerada a primeira e mais importante ferramenta que um profissional de saúde estabelece para se aproximar da compreensão das queixas, e elaborar um tratamento adequado às condições sanitárias do seu paciente.

Nesse aspecto, considerando que muitas características sintomáticas necessárias para determinar um diagnóstico de Transtorno do Déficit de Atenção com Hiperatividade (**TDAH**) são equivalentes aos comportamentos normais, é importante analisar a frequência, duração e persistência desses sintomas, em diferentes contextos na vida do paciente.

Consequentemente, o uso de escalas, testes psicológicos e neuropsicológicos — assim como a coleta de informações obtidas mediante entrevistas específicas realizadas na escola e com familiares — servem como valiosas fontes de informações e recursos imprescindíveis para consolidar o diagnóstico.

> Não se conta com um teste único ou com uma bateria de testes que permitam determinar a presença ou ausência do TDAH; portanto, trata-se de um diagnóstico clínico que se realiza a partir dos relatos dos pais e, especialmente, dos professores e da avaliação neurológica, que permite determinar a imaturidade ou as alterações no desenvolvimento da criança (CONDEMARÍN et al., 2006).

Portanto, em virtude da relevância, o objetivo principal deste livro é tornar acessível uma ampla variedade de instrumentos que possibilitem uma melhor avaliação sobre a possibilidade da presença do Transtorno do Déficit de Atenção com Hiperatividade (**TDAH**) em crianças, jovens, e adultos. No entanto, de maneira alguma, os recursos disponíveis aqui — ainda que de grande valimento — possuem o caráter de asseverar qualquer diagnóstico. Vale salientar que o diagnóstico do **TDAH** é estritamente clínico, e nenhuma ferramenta isolada substitui a análise observacional minuciosa e uma anamnese específica realizada por um profissional especializado, capacitado e experiente. É importante destacar também que — em virtude de boa parte do conteúdo desse livro ter sido traduzido de outros idiomas — possivelmente, algumas expressões e/ou trechos aparentem uma pequena Imprecisão e/ou ambiguidade de linguagem.

O Diagnóstico do TDAH pela CID

Publicada pela Organização Mundial de Saúde (OMS) a Classificação Internacional de Doenças e Problemas Relacionados à Saúde, geralmente mais reconhecida pela sigla **CID** (Classificação Internacional de Doenças) — embora não seja o instrumento mais utilizado pelos profissionais de saúde mental na elaboração de diagnósticos — também tem sua importância e finalidade. O documento fornece códigos que determinam à classificação e codificação das doenças, e de uma ampla variedade de sinais, sintomas, aspectos incomuns, queixas, circunstâncias sociais e causas externas de danos e/ou doença. Para cada quadro clínico é atribuído uma categoria única à qual corresponde um código, que pode conter até seis caracteres.

Assim, a **CID** serve como o principal veículo informativo na identificação de tendências e estatísticas de morbidade e de mortalidade em todo o mundo. De acordo com a 10ª edição da Classificação Internacional de Doenças (**CID-10**), o Transtorno do Déficit de Atenção com Hiperatividade (**TDAH**) faz parte dos Transtornos Hipercinéticos (F-90).

Os Transtornos Hipercinéticos (F-90) são caracterizados por início precoce (habitualmente durante os cinco primeiros anos de vida), falta de perseverança nas atividades que exigem um envolvimento cognitivo, e uma tendência a passar de uma atividade a outra sem acabar nenhuma, associadas a uma atividade global desorganizada, incoordenada e excessiva. Os transtornos podem se acompanhar de outras anomalias. As crianças hipercinéticas são frequentemente imprudentes e impulsivas, sujeitas a acidentes e incorrem em problemas disciplinares mais por infrações não premeditadas de regras que por desafio deliberado. Suas relações com os adultos são frequentemente marcadas por uma ausência de inibição social, com falta de cautela e reserva normais. São impopulares com as outras crianças e podem se tornar isoladas socialmente. Estes transtornos se acompanham frequentemente de um déficit cognitivo e de um retardo específico do desenvolvimento da motricidade e da linguagem. As complicações secundárias incluem um comportamento dissocial e uma perda de autoestima.

Os Transtornos Hipercinéticos (F-90) são subdivididos em:

1) (F90.0) Distúrbios da atividade e da atenção;

2) (F90.1) Transtorno hipercinético de conduta;

3) (F90.8) Outros transtornos hipercinéticos;

4) (F90.9) Transtorno hipercinético não especificado;

Segundo a Classificação Internacional de Doenças (**CID-10**) para se diagnosticar um caso de **TDAH** é necessário que a pessoa avaliada apresente pelo menos seis dos sintomas de desatenção e/ou seis dos sintomas de hiperatividade. Além disso, esses sintomas devem se manifestar em pelo menos dois ambientes diferentes, e por um período superior a seis meses.

A. Com Predomínio Da Desatenção

Caracteriza-se o predomínio da **DESATENÇÃO** quando a pessoa apresenta seis (ou mais) dos seguintes sintomas de desatenção persistentes por pelo menos 6 meses, em grau mal adaptativo e inconsistente com o nível de desenvolvimento:

1. Frequentemente deixa de prestar atenção a detalhes ou comete erros por descuido em atividades escolares, de trabalho entre outras.

2. Com frequência tem dificuldades para manter a atenção em tarefas ou atividades lúdicas.

3. Com frequência parece não escutar quando lhe dirigem a palavra.

4. Com frequência não segue instruções e não termina seus deveres escolares, tarefas domésticas ou deveres profissionais (não devido a comportamento de oposição ou incapacidade de compreender instruções).

5. Com frequência tem dificuldade para organizar tarefas e atividades.

6. Com frequência evita, antipatiza ou reluta a envolver-se em tarefas que exijam esforço mental constante (como tarefas escolares ou deveres de casa).

7. Com frequência perde coisas necessárias para tarefas ou atividades (por ex., brinquedos, tarefas escolares, lápis, livros ou outros materiais).

8. É facilmente distraído por estímulos alheios à tarefa.

9. Com frequência apresenta esquecimento em atividades diárias.

B. Com Predomínio Da Hiperatividade e/ou Impulsividade

Caracteriza-se quando seis (ou mais) dos seguintes sintomas de hiperatividade persistem por pelo menos 6 meses, em grau mal adaptativo e inconsistente com o nível de desenvolvimento:

B.1 Hiperatividade

1. Frequentemente agita as mãos ou os pés.

2. Frequentemente abandona sua cadeira em sala de aula ou outras situações nas quais se espera que permaneça sentado.

3. Frequentemente corre ou escala em demasia, em situações nas quais isto é inapropriado (em adolescentes e adultos, pode estar limitado a sensações subjetivas de inquietação).

4. Com frequência tem dificuldade para brincar ou se envolver silenciosamente em atividades de lazer.

5. Está frequentemente "a mil" ou muitas vezes age como se estivesse "a todo vapor".

6. Frequentemente fala em demasia.

B.2 Impulsividade

1. Frequentemente dá respostas precipitadas antes de as perguntas terem sido completadas.

2. Com frequência tem dificuldade para aguardar sua vez.

3. Frequentemente interrompe ou se mete em assuntos alheios (por ex., intromete-se em conversas ou brincadeiras).

C. Critérios para ambos os casos

Em ambos os casos os seguintes critérios também devem estar presentes:

1. Alguns sintomas de hiperatividade/impulsividade ou desatenção que causaram prejuízo estavam presentes antes dos 7 anos de idade.

2. Algum prejuízo causado pelos sintomas está presente em dois ou mais contextos (por ex., na escola, no trabalho e/ou em casa).

3. Deve haver claras evidências de prejuízo clinicamente significativo no funcionamento social, acadêmico ou ocupacional.

4. Os sintomas não ocorrem exclusivamente durante o curso de um transtorno invasivo do desenvolvimento, esquizofrenia ou outro transtorno psicótico e não são mais bem explicados por outro transtorno mental (por ex., transtorno do humor, transtorno de ansiedade, transtorno dissociativo, ou algum transtorno da personalidade).

NOTA*: os sintomas de desatenção, hiperatividade ou impulsividade relacionados ao uso de medicamentos (como broncodilatadores, isoniazida e acatisia por neurolépticos) em crianças com menos de 7 anos de idade não devem ser diagnosticados como **TDAH**.

O Diagnóstico do TDAH pelo DSM

O *Diagnostic and Statistical Manual of Mental Disorders* ou Manual Diagnóstico e Estatístico de Transtornos Mentais, mais conhecido no Brasil pela sigla **DSM** é um manual para profissionais da área de saúde mental que lista diferentes categorias de transtornos mentais e critérios para diagnosticá-los. Elaborado pela Associação Americana de Psiquiatria (*American Psychiatric Association* - APA) representa, atualmente, a melhor ferramenta de utilização clínica para diagnosticar os quadros relacionados aos transtornos mentais, e tem sido uma das fontes para diagnósticos em saúde mental mais utilizada em todo o mundo.

Em sua 5ª revisão, o **DSM**-V classifica o Transtorno do Déficit de Atenção/Hiperatividade (**TDAH**) entre os Transtornos do Neurodesenvolvimento. Os Transtornos do Neurodesenvolvimento correspondem a um grupo com início, geralmente, manifestado antes da criança ingressar na escola, sendo caracterizados por déficits no desenvolvimento que acarretam em prejuízos no funcionamento pessoal, social, acadêmico e/ou profissional. Os déficits no desenvolvimento variam desde limitações específicas na aprendizagem e/ou no controle de funções executivas até desencadear sérios danos globais em habilidades sociais ou inteligência. É frequente também a presença simultânea de mais de um transtorno durante o curso do indivíduo diagnosticado com algum Transtorno do Neurodesenvolvimento. Por exemplo, indivíduos com Transtorno do Espectro Autista (TEA) frequentemente apresentam Transtorno do Desenvolvimento Intelectual (TDI). Enquanto, muitas crianças com Transtorno do Déficit de Atenção/Hiperatividade (**TDAH**) comumente apresentam comorbidade com algum Transtorno Específico de Aprendizagem.

O **TDAH** é um Transtorno do Neurodesenvolvimento definido por níveis prejudiciais de desatenção, desorganização e/ou hiperatividade-impulsividade. **(a)** Desatenção e desorganização envolvem incapacidade de permanecer em uma tarefa, aparência de não ouvir e perda de materiais em níveis inconsistentes com a idade ou o nível de desenvolvimento. **(b)** Hiperatividade-impulsividade implicam em atividades excessivas, inquietação, incapacidade de permanecer sentado e/ou para em uma mesma posição e/ou lugar. Também, apresentam intromissão em atividades de outros e incapacidade de aguardar — sintomas que são excessivos para a idade ou o nível de desenvolvimento. Na infância, o **TDAH** frequentemente se sobrepõe aos transtornos em geral considerados "de extemalização", tais como o transtorno de oposição desafiante e o transtorno da conduta. O **TDAH** costuma persistir na vida adulta, resultando em prejuízos no funcionamento social, acadêmico e profissional.

TDAH — Critérios Diagnósticos (DSM-V)

A. Um padrão persistente de desatenção e/ou hiperatividade-impulsividade que interfere no funcionamento e no desenvolvimento, conforme caracterizado por **(1)** e/ou **(2)**:

1. Desatenção: Seis (ou mais) dos seguintes sintomas persistem por pelo menos seis meses em um grau que é inconsistente com o nível do desenvolvimento e causa impacto negativo diretamente nas atividades sociais e acadêmicas /profissionais:

NOTA*: Os sintomas não são apenas uma manifestação de comportamento opositor, desafio, hostilidade ou dificuldade para compreender tarefas ou instruções. Para adolescentes mais velhos e adultos (17 anos ou mais), pelo menos cinco sintomas são necessários.

a) Frequentemente não presta atenção em detalhes ou comete erros por descuido em tarefas escolares, no trabalho ou durante outras atividades (p. ex., negligencia ou deixa passar detalhes, o trabalho é impreciso).

b) Frequentemente tem dificuldade de manter a atenção em tarefas ou atividades lúdicas (p. ex., dificuldade de manter o foco durante aulas, conversas ou leituras prolongadas).

c) Frequentemente parece não escutar quando alguém lhe dirige a palavra diretamente (p. ex., parece estar com a cabeça longe, mesmo na ausência de qualquer distração óbvia).

d) Frequentemente não segue instruções até o fim e não consegue terminar trabalhos escolares, tarefas ou deveres no local de trabalho (p. ex., começa as tarefas, mas rapidamente perde o foco e facilmente perde o rumo).

e) Frequentemente tem dificuldade para organizar tarefas e atividades (p. ex., dificuldade em gerenciar tarefas sequenciais; dificuldade em manter materiais e objetos pessoais em ordem; trabalho desorganizado e desleixado; mau gerenciamento do tempo; dificuldade em cumprir prazos).

f) Frequentemente evita, não gosta ou reluta em se envolver em tarefas que exijam esforço mental prolongado (p. ex., trabalhos escolares ou lições de casa; para adolescentes mais velhos e adultos, preparo de relatórios, preenchimento de formulários, revisão de trabalhos longos).

g) Frequentemente perde coisas necessárias para tarefas ou atividades (p. ex., materiais escolares, lápis, livros, instrumentos, carteiras, chaves, documentos, óculos, celular).

h) Com frequência é facilmente distraído por estímulos externos (para adolescentes mais velhos e adultos, pode incluir pensamentos não relacionados).

i) Com frequência é esquecido em relação a atividades cotidianas (p. ex., realizar tarefas, obrigações; para adolescentes mais velhos e adultos, retornar ligações, pagar contas, manter horários agendados).

2. Hiperatividade e Impulsividade: Seis (ou mais) dos seguintes sintomas persistem por pelo menos seis meses em um grau que é inconsistente com o nível do desenvolvimento e gera impacto negativo diretamente nas atividades sociais e acadêmicas / profissionais:

NOTA*: Os sintomas não são apenas uma manifestação de comportamento opositor, desafio, hostilidade ou dificuldade para compreender tarefas ou instruções. Para adolescentes mais velhos e adultos (17 anos ou mais), pelo menos cinco sintomas são necessários.

a) Frequentemente remexe ou batuca as mãos ou os pés ou se contorce na cadeira.

b) Frequentemente levanta da cadeira em situações em que se espera que permaneça sentado (p. ex., sai do seu lugar em sala de aula, no escritório ou em outro local de trabalho ou em outras situações que exijam que se permaneça em um mesmo lugar).

c) Frequentemente corre ou sobe nas coisas em situações em que isso é inapropriado. (Nota: Em adolescentes ou adultos, pode se limitar a sensações de inquietude).

d) Com frequência é incapaz de brincar ou se envolver em atividades de lazer calmamente.

e) Com frequência "não para", agindo como se estivesse "com o motor ligado" (p. ex., não consegue ou se sente desconfortável em ficar parado por muito tempo, como em restaurantes, reuniões; outros podem ver o indivíduo como inquieto ou difícil de acompanhar).

f) Frequentemente fala demais.

g) Frequentemente deixa escapar uma resposta antes que a pergunta tenha sido concluída (p. ex., termina frases dos outros, não consegue aguardar a vez de falar).

h) Frequentemente tem dificuldade para esperar a sua vez (p.ex., aguardar em uma fila).

i) Frequentemente interrompe ou se intromete (p. ex., mete-se nas conversas, jogos ou atividades; pode começar a usar as coisas de outras pessoas sem pedir ou receber permissão; para adolescentes e adultos, pode intrometer-se em ou assumir o controle sobre o que outros estão fazendo).

B. Vários sintomas de desatenção ou hiperatividade-impulsividade estavam presentes antes dos 12 anos de idade.

C. Vários sintomas de desatenção ou hiperatividade-impulsividade estão presentes em dois ou mais ambientes (p. ex., em casa, na escola, no trabalho; com amigos ou parentes; em outras atividades).

D. Há evidências claras de que os sintomas interferem no funcionamento social, acadêmico ou profissional ou de que reduzem sua qualidade.

E. Os sintomas não ocorrem exclusivamente durante o curso de esquizofrenia ou outro transtorno psicótico e não são mais bem explicados por outro transtorno mental (p. ex., transtorno do humor, transtorno de ansiedade, transtorno dissociativo, transtorno da personalidade, intoxicação ou abstinência de substância).

Determinar o Subtipo:

- 314.1 (F90.2) Apresentação combinada: Se tanto o Critério A1 (desatenção) quanto o Critério A2 (hiperatividade-impulsividade) são preenchidos nos últimos 6 meses.

- 314.0 (F90.0) Apresentação predominantemente desatenta: Se o Critério A1 (desatenção) é preenchido, mas o Critério A2 (hiperatividade-impulsividade) não é preenchido nos últimos 6 meses.

- 314.1 (F90.1) Apresentação predominantemente hiperativa/impulsiva: Se o Critério A2 (hiperatividade-impulsividade) é preenchido, e o Critério A1 (desatenção) não é preenchido nos últimos 6 meses.

Especificar se:

Em remissão parcial: Quando todos os critérios foram preenchidos no passado, mas nem todos os critérios foram preenchidos nos últimos 6 meses. Entretanto, os sintomas ainda resultam em prejuízo no funcionamento social, acadêmico ou profissional.

Especificar a gravidade atual:

1. **Leve**: Poucos sintomas, se algum está presente, além daqueles necessários para fazer o diagnóstico, e os sintomas resultam em não mais do que pequenos prejuízos no funcionamento social ou profissional.

2. **Moderada**: Sintomas ou prejuízo funcional entre "leve" e "grave" estão presentes.

3. **Grave**: Muitos sintomas além daqueles necessários para fazer o diagnóstico estão presentes, ou vários sintomas particularmente graves estão presentes, ou os sintomas podem resultar em prejuízo acentuado no funcionamento social ou profissional.

Características Diagnósticas

A característica essencial do Transtorno do Déficit de Atenção/Hiperatividade é um padrão persistente de Desatenção e/ou Hiperatividade-Impulsividade que interfere no funcionamento ou no desenvolvimento. A **DESATENÇÃO** manifesta-se através de divagações em tarefas, falta de persistência, dificuldade de manter o foco e desorganização - e não constitui consequência de desafio ou falta de compreensão. A **HIPERATIVIDADE** refere-se à atividade motora excessiva (como uma criança que corre por tudo) quando não apropriado ou remexer, batucar ou conversar em excesso. Nos adultos, a hiperatividade pode se manifestar como inquietude extrema ou esgotamento dos outros com sua atividade. A **IMPULSIVIDADE** refere-se a ações precipitadas que ocorrem no momento sem premeditação e com elevado potencial para dano à pessoa (p. ex., atravessar uma rua sem olhar). A **IMPULSIVIDADE** pode ser o reflexo de um desejo de recompensas imediatas ou de incapacidade de postergar a gratificação. Comportamentos impulsivos podem se manifestar com intromissão social (p. ex., interromper os outros em excesso) e/ou tomada de decisões importantes sem considerações acerca das consequências no longo prazo (p. ex., assumir um emprego sem informações adequadas).

O **TDAH** começa na infância. A exigência de que vários sintomas estejam presentes antes dos 12 anos de idade exprime a importância de uma apresentação clínica substancial durante a infância. Ao mesmo tempo, uma idade de início mais precoce não é especificada devido a dificuldades para se estabelecer retrospectivamente um início na infância. As lembranças dos adultos sobre sintomas na infância tendem a não ser confiáveis, sendo benéfico obter informações complementares.

Manifestações do transtorno devem estar presentes em mais de um ambiente (p. ex., em casa e na escola, no trabalho). A confirmação de sintomas substanciais em vários ambientes não costuma ser feita com precisão sem uma consulta a informantes que tenham visto o indivíduo em tais ambientes. É comum os sintomas variarem conforme o contexto em um determinado ambiente. Sinais do transtorno podem ser mínimos ou ausentes quando o indivíduo está recebendo recompensas frequentes por comportamento apropriado, está sob supervisão, está em uma situação nova, está envolvido em atividades especialmente interessantes, recebe estímulos externos consistentes (p. ex., através de telas eletrônicas) ou está interagindo em situações individualizadas (p. ex., em um consultório).

Características Associadas que Apoiam o Diagnóstico

Atrasos leves no desenvolvimento linguístico, motor ou social não são específicos do **TDAH**, embora costumem ser comórbidos. As características associadas podem incluir baixa tolerância à frustração, irritabilidade ou labilidade do humor. Mesmo na ausência de um transtorno específico da aprendizagem, o desempenho acadêmico ou profissional costuma estar prejudicado. Comportamento desatento está associado a vários processos cognitivos subjacentes, e indivíduos com **TDAH** podem exibir problemas cognitivos em testes de atenção, função executiva ou memória, embora esses testes não sejam suficientemente sensíveis ou específicos para servir como índices diagnósticos. No início da vida adulta, o **TDAH** está associado a risco aumentado de tentativa de suicídio, principalmente quando em comorbidade com transtornos do humor, da conduta ou por uso de substância.

Não há marcador biológico que seja diagnóstico de **TDAH**. Como grupo, na comparação com pares, crianças com **TDAH** apresentam eletroencefalogramas com aumento de ondas lentas, volume encefálico total reduzido na ressonância magnética e, possivelmente, atraso na maturação cortical no sentido póstero-anterior, embora esses achados não sejam diagnósticos. Nos raros casos em que há uma causa genética conhecida (p. ex., síndrome do X-frágil, síndrome da deleção 22qll), a apresentação do **TDAH** ainda deve ser diagnosticada.

Prevalência

Levantamentos populacionais sugerem que o **TDAH** ocorre na maioria das culturas em cerca de 5% das crianças e 2,5% dos adultos.

Desenvolvimento e Curso

Muitos pais observam pela primeira vez uma atividade motora excessiva quando a criança começa a andar, mas é difícil distinguir os sintomas do comportamento normal, que é altamente variável, antes dos 4 anos de idade. O **TDAH** costuma ser identificado com mais frequência durante os anos do ensino fundamental, com a desatenção ficando mais saliente e prejudicial. O transtorno fica relativamente estável nos anos iniciais da adolescência, mas alguns indivíduos têm piora no curso, com o desenvolvimento de comportamentos antissociais. Na maioria das pessoas com **TDAH**, sintomas de hiperatividade motora ficam menos claros na adolescência e na vida adulta, embora persistam dificuldades com planejamento, inquietude, desatenção e impulsividade. Uma proporção substancial de crianças com **TDAH** permanece relativamente prejudicada até a vida adulta.

Na pré-escola, a principal manifestação é a hiperatividade. A desatenção fica mais proeminente nos anos do ensino fundamental. Na adolescência, sinais de hiperatividade (p. ex., correr e subir nas coisas) são menos comuns, podendo limitar-se a comportamento mais irrequieto ou sensação interna de nervosismo, inquietude ou impaciência. Na vida adulta, além da desatenção e da inquietude, a impulsividade pode permanecer problemática, mesmo quando ocorreu redução da hiperatividade.

Fatores de Risco e Prognóstico

Temperamentais. O **TDAH** está associado a níveis menores de inibição comportamental, de controle à base de esforço ou de contenção, a afetividade negativa e/ou maior busca por novidades. Esses traços predispõem algumas crianças ao **TDAH**, embora não sejam específicos do transtorno.

Ambientais. Muito baixo peso ao nascer (menos de 1.500 gramas) confere um risco 2 a 3 vezes maior para **TDAH**, embora a maioria das crianças com baixo peso ao nascer não desenvolva transtorno. Embora o **TDAH** esteja correlacionado com tabagismo na gestação, parte dessa associação reflete um risco genético comum. Uma minoria de casos pode estar relacionada a reações a aspectos da dieta. Pode haver história de abuso infantil, negligência, múltiplos lares adotivos, exposição à neurotoxina (p. ex., chumbo), infecções (p. ex., encefalite) ou exposição ao álcool no útero. Exposição a toxinas ambientais foi correlacionada com **TDAH** subsequente, embora não se saiba se tais associações são causais.

Genéticos e fisiológicos. O **TDAH** é frequente em parentes biológicos de primeiro grau com o transtorno. A herdabilidade do **TDAH** é substancial. Enquanto genes específicos foram correlacionados com o transtorno, eles não constituem fatores causais necessários ou suficientes. Deficiências visuais e auditivas, anormalidades metabólicas, transtornos do sono, deficiências nutricionais e epilepsia devem ser considerados influências possíveis sobre sintomas de **TDAH**.

O **TDAH** não está associado a características físicas específicas, ainda que taxas de anomalias físicas menores (p. ex., hipertelorismo, palato bastante arqueado, baixa implantação de orelhas) possam ser relativamente aumentadas. Atrasos motores sutis e outros sinais neurológicos leves podem ocorrer. Notar que falta de jeito e atrasos motores comórbidos devem ser codificados em separado (p. ex., transtorno do desenvolvimento da coordenação).

Modificadores do curso. Padrões de interação familiar no começo da infância provavelmente não causam **TDAH**, embora possam influenciar seu curso ou contribuir para o desenvolvimento secundário de problemas de conduta.

Questões Diagnósticas Relativas à Cultura

Diferenças regionais nas taxas de prevalência do **TDAH** parecem principalmente atribuíveis a práticas diagnosticas e metodológicas diferentes. Entretanto, pode haver, ainda, variações culturais em termos de atitudes ou interpretações acerca do comportamento infantil. As taxas de identificação clínica nos Estados Unidos para populações afro-americanas e latinas tendem a ser mais baixas do que para populações brancas. As pontuações de sintomas por informantes podem ser influenciadas pelo grupo cultural da criança e do informante, sugerindo que práticas culturalmente apropriadas são relevantes na avaliação do **TDAH**.

Questões Diagnósticas Relativas ao Gênero

O **TDAH** é mais frequente no sexo masculino do que no feminino na população em geral, com uma proporção de cerca de 2:1 nas crianças e de 1,6:1 nos adultos. Há maior probabilidade de pessoas dó sexo feminino se apresentarem primariamente com características de desatenção na comparação com as do sexo masculino.

Consequências Funcionais do TDAH

O **TDAH** está associado a desempenho escolar e sucesso acadêmico reduzido, rejeição social e, nos adultos, a piores desempenhos, sucesso e assiduidade no campo profissional e a maior probabilidade de desemprego, além de altos níveis de conflito interpessoal. Crianças com **TDAH** apresentam uma probabilidade significativamente maior do que seus pares para desenvolver transtorno da conduta na adolescência e transtorno da personalidade antissocial na idade adulta, aumentando, assim, a probabilidade de transtornos por uso de substâncias e prisão. O risco subsequente para transtornos por uso posterior de substâncias é alto, especialmente quando se desenvolve transtorno da conduta ou transtorno da personalidade antissocial. Indivíduos com **TDAH** são mais propensos a sofrer lesões do que seus colegas. Acidentes e violações de trânsito são mais frequentes em condutores com o transtorno. Pode haver probabilidade aumentada de obesidade entre indivíduos com **TDAH**.

Autodeterminação variável ou inadequada para realização de tarefas que exijam esforço prolongado frequentemente é interpretada pelos outros, como preguiça, irresponsabilidade ou falta de cooperação. As relações familiares podem se caracterizar por discórdia e interações negativas. As relações com os pares costumam ser conturbadas devido a rejeição por parte daqueles, negligência ou provocações em relação ao indivíduo com **TDAH**. Em média, pessoas com o transtorno alcançam escolaridade menor, menos sucesso profissional e escores intelectuais reduzidos na comparação com seus pares, embora exista grande variabilidade. Em sua forma grave, o transtorno é marcadamente prejudicial, afetando a adaptação social, familiar e escolar/profissional.

Déficits acadêmicos, problemas escolares e negligência pelos colegas tendem a estar principalmente associados a sintomas elevados de desatenção, ao passo que rejeição por colegas e, em menor grau, lesões acidentais são mais proeminentes com sintomas acentuados de hiperatividade ou impulsividade.

Diagnóstico Diferencial

- **Transtorno de Oposição Desafiante (TOD)**. Indivíduos com transtorno de oposição desafiante podem resistir a tarefas profissionais ou escolares que exijam autodeterminação porque resistem a se conformar às exigências dos outros. Seu comportamento caracteriza-se por negatividade, hostilidade e desafio. Tais sintomas devem ser diferenciados de aversão à escola ou a tarefas de alta exigência mental causadas por dificuldade em manter um esforço mental prolongado, esquecimento de orientações e impulsividade que caracteriza os indivíduos com **TDAH**. Um complica- dor do diagnóstico diferencial é o fato de que alguns indivíduos com **TDAH** podem desenvolver atitudes de oposição secundárias em relação a tais tarefas e, assim, desvalorizar sua importância.

- **Transtorno Explosivo Intermitente (TEI)**. O **TDAH** e o transtorno explosivo intermitente compartilham níveis elevados de comportamento impulsivo. Entretanto, indivíduos com o transtorno explosivo intermitente apresentam agressividade importante dirigida aos outros, o que não é característico do **TDAH**, e não têm problemas em manter a atenção como se vê no **TDAH**. Além disso, o transtorno explosivo intermitente é raro na infância. O transtorno explosivo intermitente pode ser diagnosticado na presença de **TDAH**.

- **Outros Transtornos Do Neurodesenvolvimento**. A atividade motora aumentada que pode ocorrer no **TDAH** deve ser diferenciada do comportamento motor repetitivo que caracteriza o transtorno do movimento estereotipado e alguns casos de transtorno do espectro autista. No transtorno do movimento estereotipado, o comportamento motor costuma ser fixo e repetitivo (p* ex., balançar o corpo, morder a si mesmo), enquanto a inquietude e a agitação no **TDAH** costumam ser generalizadas e não caracterizadas por movimentos estereotipados repetitivos. No; transtorno de Tourette, tiques múltiplos e frequentes podem ser confundidos com a inquietude generalizada do **TDAH**. Pode haver necessidade de observação prolongada para que seja feita a distinção entre inquietude e ataques de múltiplos tiques.

- **Transtorno Específico de Aprendizagem (TEA).** Crianças com um transtorno específico da aprendizagem podem parecer desatentas devido a frustração, falta de interesse ou capacidade limitada. A desatenção, no entanto, em pessoas com um transtorno específico da aprendizagem, mas sem **TDAH**, não acarreta prejuízos fora dos trabalhos acadêmicos.

- **Deficiência Intelectual (Transtorno do Desenvolvimento Intelectual).** Sintomas de **TDAH** são comuns entre crianças colocadas em ambientes acadêmicos inadequados à sua capacidade intelectual. Nesses casos, os sintomas não são evidentes durante tarefas não acadêmicas. Um diagnóstico de **TDAH** na deficiência intelectual exige que desatenção ou hiperatividade sejam excessivas para a idade mental.

- **Transtorno do Espectro Autista (TEA)**. Indivíduos com **TDAH** e aqueles com transtorno do espectro autista exibem desatenção, disfunção social e comportamento de difícil manejo. A disfunção social e a rejeição pelos pares encontradas em pessoas com **TDAH** devem ser diferenciadas da falta de envolvimento social, do isolamento e da indiferença a pistas de comunicação faciais e de tonalidade encontrados em indivíduos com transtorno do espectro autista. Crianças com transtorno do espectro autista podem ter ataques de raiva devido a incapacidade de tolerar mudanças no curso dos eventos esperado por elas. Em contraste, crianças com **TDAH** podem se comportar mal ou ter um ataque de raiva durante alguma transição importante devido a impulsividade ou autocontrole insatisfatório.

- **Transtorno de Apego Reativo (TAR)**. Crianças com transtorno de apego reativo podem apresentar desinibição social, mas não o conjunto completo de sintomas de **TDAH**, exibindo, ainda, outras características, tais como ausência de relações duradouras, que não são características do **TDAH**.

- **Transtornos de Ansiedade**. O **TDAH** compartilha sintomas de desatenção com transtornos de ansiedade. Indivíduos com **TDAH** são desatentos por causa de sua atração por estímulos externos, atividades novas ou predileção por atividades agradáveis. Isso é diferente da desatenção por preocupação e ruminação encontrada nos transtornos de ansiedade. Agitação pode ser encontrada em transtornos de ansiedade. No **TDAH**, todavia, o sintoma não está associado a preocupação e ruminação.

- **Transtornos Depressivos**. Indivíduos com transtornos depressivos podem se apresentar com incapacidade de se concentrar. Entretanto, a dificuldade de concentração nos transtornos do humor fica proeminente apenas durante um episódio depressivo.

- **Transtorno Bipolar**. Indivíduos com transtorno bipolar podem ter aumento da atividade, dificuldade de concentração e aumento na impulsividade. Essas características, entretanto, são episódicas, ocorrendo por vários dias de cada vez. No transtorno bipolar, aumento na impulsividade ou desatenção é acompanhado por humor elevado, grandiosidade e outras características bipolares específicas. Crianças com **TDAH** podem apresentar mudanças importantes de humor em um mesmo dia; essa labilidade é diferente de um episódio maníaco, que deve durar quatro dias ou mais para ser um indicador clínico de transtorno bipolar, mesmo em crianças. O transtorno bipolar é raro em pré-adolescentes, mesmo quando irritabilidade grave e raiva são proeminentes, ao passo que o **TDAH** é comum entre crianças e adolescentes que apresentam raiva e irritabilidade excessivas.

- **Transtorno Disruptivo da Desregulação do Humor**. O transtorno disruptivo da desregulação do humor é caracterizado por irritabilidade pervasiva e por intolerância a frustração, mas impulsividade e atenção desorganizada não são aspectos essenciais. A maioria das crianças e dos adolescentes com o transtorno, no entanto, tem sintomas que também preenchem critérios para **TDAH**, que deve ser diagnosticado em separado.

- **Transtorno por uso de Substância**. Diferenciar o **TDAH** dos transtornos por uso de substância pode ser um problema se a primeira apresentação dos sintomas do **TDAH** ocorrer após o início do abuso ou do uso frequente. Evidências claras de **TDAH** antes do uso problemático de substâncias, obtidas por meio de informantes ou registros prévios, podem ser essenciais para o diagnóstico diferencial.

- **Transtornos da Personalidade.** Em adolescentes e adultos, pode ser difícil diferenciar **TDAH** dos transtornos da personalidade *Borderline,* narcisista e outros transtornos da personalidade. Todos estes tendem a compartilhar características de desorganização, intrusão social, desregulação emocional e desregulação cognitiva. O **TDAH**, porém, não é caracterizado por medo do abandono, autolesão, ambivalência extrema ou outras características de transtornos da personalidade. Pode haver necessidade de observação prolongada, entrevista com informantes ou história detalhada para distinguir comportamento impulsivo, socialmente intrusivo ou inadequado de comportamento narcisista, agressivo ou dominador para que seja feito esse diagnóstico diferencial.

- **Transtornos Psicóticos.** O **TDAH** não é diagnosticado se os sintomas de desatenção e hiperatividade ocorrem exclusivamente durante o curso de um transtorno psicótico.

- **Sintomas de TDAH induzidos por medicamentos.** Sintomas de desatenção, hiperatividade ou impulsividade atribuíveis ao uso de medicamentos (p. ex., broncodilatadores, isoniazida, neurolépticos [resultando em acatisia], terapia de reposição para a tireoide) são diagnosticados como transtorno por uso de outra substância (ou substância desconhecida) ou transtorno relacionado a outra substância (ou substância desconhecida não especificada).

- **Transtornos Neurocognitivos.** Não se sabe se Transtorno Neurocognitivo Maior precoce (demência) e/ou Transtorno Neurocognitivo Leve estão associados ao **TDAH**, embora possam se apresentar com frequência características clínicas semelhantes. Essas condições são diferenciadas do **TDAH** por seu início tardio.

Comorbidade

Em ambientes clínicos, transtornos comórbidos são frequentes em indivíduos cujos sintomas preenchem critérios para **TDAH**. Na população em geral, Transtorno de Oposição Desafiante (TOD) é comórbido com **TDAH** em cerca de metade das crianças com a apresentação combinada e em cerca de um quarto daquelas com a apresentação predominantemente desatenta. Transtorno da Conduta é comórbido com **TDAH** em aproximadamente um quarto das crianças e dos adolescentes com a apresentação combinada, dependendo da idade e do ambiente.

A maioria das crianças e dos adolescentes com Transtorno Disruptivo da Desregulação do Humor tem sintomas que também preenchem critérios para **TDAH**; uma porcentagem menor de crianças com **TDAH** tem sintomas que preenchem critérios para Transtorno Disruptivo da Desregulação do Humor. Transtorno Específico de Aprendizagem (TEA) comumente é comórbido com **TDAH*** Transtornos de Ansiedade e Transtorno Depressivo Maior (TDM) ocorrem em uma minoria de indivíduos com **TDAH**, embora com maior frequência do que na população em geral. Transtorno Explosivo Intermitente (TEI) ocorre em uma minoria de adultos com **TDAH**, embora com taxas acima dos níveis populacionais.

Ainda que transtornos por abuso de substância sejam relativamente mais frequentes entre adultos com **TDAH** na população em geral, estão presentes em apenas uma minoria deles. Nos adultos, Transtorno de Personalidade Antissocial (TPA) e outros transtornos da personalidade podem ser comórbidos com **TDAH**. Outros transtornos que podem ser comórbidos com o **TDAH** incluem o Transtorno Obsessivo-Compulsivo (TOC), os Transtornos de Tique e o Transtorno do Espectro Autista (TEA).

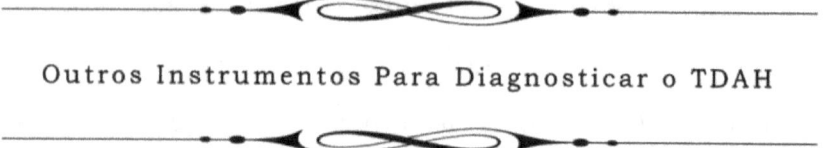

Outros Instrumentos Para Diagnosticar o TDAH

O processo de avaliação para o diagnóstico do Transtorno de Déficit de Atenção/Hiperatividade (**TDAH**) deve ser realizado através de uma minuciosa investigação clínica, contemplando todo histórico do paciente. Entretanto, quanto mais criteriosa for realizada essa avaliação em relação à utilização de recursos instrumentais, menor a possibilidade de cometer equívoco no diagnóstico. Uma avaliação que — além de fornecer um diagnóstico preciso — seja capaz de apontar a presença de transtornos comórbidos, analisando uma perspectiva sobre o funcionamento danoso e desajustado do sujeito, também proporcionará uma melhor escolha relacionada às técnicas e/ou estratégias mais eficientes para serem utilizadas durante o seu tratamento. Favorecendo assim o prognóstico do indivíduo.

Dessa maneira, embora as características presentes na Classificação Internacional de Doenças (**CID**) e, sobretudo, os Critérios Diagnósticos descritos no Manual Diagnóstico e Estatístico de Transtornos Mentais (**DSM**) sejam considerados como os instrumentos mais fidedignos e consistentes para auxiliar no processo de diagnóstico do **TDAH**, existe uma ampla variedade de testes, escalas e outros instrumentos psicológicos que podem, e devem ser utilizados a fim de corroborar com a precisão no processo avaliativo e diagnóstico do Transtorno de Déficit de Atenção/Hiperatividade (**TDAH**).

SNAP-IV — Para o Diagnóstico do TDAH em Crianças e Adolescentes

Ferramenta de domínio público, o Swanson Nolan and Pelham-IV Questionnaire, ou simplesmente, SNAP-IV é um questionário de fácil uso, foi desenvolvido a partir dos mesmos critérios presentes no **DSM** para avaliação dos sintomas do Transtorno do Déficit de Atenção/Hiperatividade (**TDAH**) em crianças e adolescentes. Como as características do **TDAH** geralmente se manifestam em contextos diferentes, esse questionário também pode ser preenchido por pais e/ou professores.

Como Usar

Para cada uma das **18** sentenças descritas abaixo escolha e marque uma das **4** opções de respostas que melhor corresponde à criança ou adolescente avaliado.

1. Não consegue prestar muita atenção a detalhes ou comete erros por descuido nos trabalhos da escola ou tarefas.

( ) Nem um Pouco

( ) Só um pouco

( ) Bastante

( ) Demais

2. Tem dificuldade de manter a atenção em tarefas ou atividades de lazer.

( ) Nem um Pouco

( ) Só um pouco

( ) Bastante

( ) Demais

3. Parece não estar ouvindo quando se fala diretamente com ele.

( ) Nem um Pouco

( ) Só um pouco

( ) Bastante

( ) Demais

4. Não segue instruções até o fim e não termina deveres de escola, tarefas ou obrigações.

( ) Nem um Pouco

( ) Só um pouco

( ) Bastante

( ) Demais

5. Tem dificuldade para organizar tarefas e atividades.

( ) Nem um Pouco

( ) Só um pouco

( ) Bastante

( ) Demais

6. Evita, não gosta ou se envolve contra a vontade em tarefas que exigem esforço mental prolongado.

( ) Nem um Pouco

( ) Só um pouco

( ) Bastante

( ) Demais

7. Perde coisas necessárias para atividades (p. ex. brinquedos, deveres da escola, lápis ou livros).

( ) Nem um Pouco

( ) Só um pouco

( ) Bastante

( ) Demais

8. Distrai-se com estímulos externos.

( ) Nem um Pouco

( ) Só um pouco

( ) Bastante

( ) Demais

9. É esquecido em atividades do dia-a-dia.

( ) Nem um Pouco

( ) Só um pouco

( ) Bastante

( ) Demais

10. Mexe com as mãos, os pés ou se remexe na cadeira.

( ) Nem um Pouco

( ) Só um pouco

( ) Bastante

( ) Demais

11. Sai do lugar na sala de aula ou em outras situações em que se espera que fique sentado (a).

( ) Nem um Pouco

( ) Só um pouco

( ) Bastante

( ) Demais

12. Corre de um lado para outro ou sobe nas coisas em situações inapropriadas.

( ) Nem um Pouco

( ) Só um pouco

( ) Bastante

( ) Demais

13. Demonstra dificuldade em brincar ou envolver-se em atividades de lazer de forma tranquila.

( ) Nem um Pouco

( ) Só um pouco

( ) Bastante

( ) Demais

14. Não para quieto ou frequentemente está a "mil por hora".

( ) Nem um Pouco

( ) Só um pouco

( ) Bastante

( ) Demais

15. Fala em excesso.

( ) Nem um Pouco

( ) Só um pouco

( ) Bastante

( ) Demais

16. Responde as perguntas de forma precipitada, antes mesmo delas serem concluídas.

( ) Nem um Pouco

( ) Só um pouco

( ) Bastante

( ) Demais

17. Apresenta dificuldade em esperar sua vez.

( ) Nem um Pouco

( ) Só um pouco

( ) Bastante

( ) Demais

18. Interrompe os outros ou se intromete em conversas, jogos, etc.

( ) Nem um Pouco

( ) Só um pouco

( ) Bastante

( ) Demais

Como Avaliar

1. Se pelo menos 6 itens foram marcados como **BASTANTE** ou **DEMAIS** de 1 a 9 = existem mais sintomas de desatenção que o esperado para uma criança ou adolescente.

2. Se pelo menos 6 itens foram marcados como **BASTANTE** ou **DEMAIS** de 10 a 18 = existem mais sintomas de hiperatividade e impulsividade que o esperado para uma criança ou adolescente.

IMPORTANTE: Não se pode fazer o diagnóstico de **TDAH** apenas com o critério A. Portanto, para considerar o diagnóstico veja abaixo os demais critérios que também são necessários.

Critério A: Sintomas (vistos acima)

Critério B: Alguns desses sintomas devem estar presentes antes dos 7 anos de idade.

Critério C: Existem problemas causados pelos sintomas acima em pelo menos 2 contextos diferentes (por ex., na escola, no trabalho, na vida social e em casa).

Critério D: Há problemas evidentes na vida escolar, social ou familiar por conta dos sintomas.

Critério E: Se existe algum outro problema (tal como depressão, deficiência mental, psicose, etc.), os sintomas não podem ser atribuídos exclusivamente a ele.

ASRS-18 — Para o Diagnóstico do TDAH em Adultos

A Adult Self-Report Scale, ou Escala de Autoavaliação do Adulto (ASRS-18), é um instrumento importante para ajudar no diagnóstico do **TDAH** no adulto. A escala foi desenvolvida por pesquisadores em colaboração com a Organização Mundial de Saúde (OMS) e validada para a língua portuguesa no ano de 2006. Considerando que certos sintomas aparecem com mais ênfase em ambientes específicos como o trabalho, em casa ou lazer, a escala é recomendada também para que seja preenchida tanto pelo paciente, quanto pelos seus familiares, colegas de trabalho e/ou amigos.

A escala possui 18 itens que contemplam os sintomas presentes no **Critério A** do **DSM.** No entanto, modificados e adaptados para o contexto da vida adulta. E oferece 5 pontuações diferentes para cada opção de resposta de frequência:

1. **Nunca = 0 Pontos**
2. **Raramente = 1 Ponto**
3. **Algumas Vezes = 2 Pontos**
4. **Frequentemente = 3 Pontos**
5. **Muito Frequentemente = 4 Pontos**

Como Usar

Responda as perguntas abaixo de acordo com a pontuação das opções de resposta de frequência que melhor representam como a pessoa avaliada se sentiu e/ou se comportou nos últimos seis meses.

PARTE A

1. Com que frequência você comete erros por falta de atenção quando tem de trabalhar num projeto chato ou difícil?

( ) Nunca

( ) Raramente

( ) Algumas Vezes

( ) Frequentemente

( ) Muito Frequentemente

2. Com que frequência você tem dificuldade para manter a atenção quando está fazendo um trabalho chato ou repetitivo?

( ) Nunca

( ) Raramente

( ) Algumas Vezes

( ) Frequentemente

( ) Muito Frequentemente

3. Com que frequência você tem dificuldade para se concentrar no que as pessoas dizem, mesmo quando elas estão falando diretamente com você?

( ) Nunca

( ) Raramente

( ) Algumas Vezes

( ) Frequentemente

( ) Muito Frequentemente

4. Com que frequência você deixa um projeto pela metade depois de já ter feito as partes mais difíceis?

( ) Nunca

( ) Raramente

( ) Algumas Vezes

( ) Frequentemente

( ) Muito Frequentemente

5. Com que frequência você tem dificuldade para fazer um trabalho que exige organização?

( ) Nunca

( ) Raramente

( ) Algumas Vezes

( ) Frequentemente

( ) Muito Frequentemente

6. Quando você precisa fazer algo que exige muita concentração, com que frequência você evita ou adia o início?

( ) Nunca

( ) Raramente

( ) Algumas Vezes

( ) Frequentemente

( ) Muito Frequentemente

7. Com que frequência você coloca as coisas fora do lugar ou tem de dificuldade de encontrar as coisas em casa ou no trabalho?

( ) Nunca

( ) Raramente

( ) Algumas Vezes

( ) Frequentemente

( ) Muito Frequentemente

8. Com que frequência você se distrai com atividades ou barulho a sua volta?

( ) Nunca

( ) Raramente

( ) Algumas Vezes

( ) Frequentemente

( ) Muito Frequentemente

9. Com que frequência você tem dificuldade para lembrar-se de compromissos ou obrigações?

( ) Nunca

( ) Raramente

( ) Algumas Vezes

( ) Frequentemente

( ) Muito Frequentemente

PARTE B

1. Com que frequência você fica se mexendo na cadeira ou balançando as mãos ou os pés quando precisa ficar sentado (a) por muito tempo?

( ) Nunca

( ) Raramente

( ) Algumas Vezes

( ) Frequentemente

( ) Muito Frequentemente

2. Com que frequência você se levanta da cadeira em reuniões ou em outras situações onde deveria ficar sentado (a)?

( ) Nunca

( ) Raramente

( ) Algumas Vezes

( ) Frequentemente

( ) Muito Frequentemente

3. Com que frequência você se sente inquieto (a) ou agitado (a)?

( ) Nunca

( ) Raramente

( ) Algumas Vezes

( ) Frequentemente

( ) Muito Frequentemente

4. Com que frequência você tem dificuldade para sossegar e relaxar quando tem tempo livre?

( ) Nunca

( ) Raramente

( ) Algumas Vezes

( ) Frequentemente

( ) Muito Frequentemente

5. Com que frequência você se sente ativo (a) demais e necessitando fazer coisas, como se estivesse "com um motor ligado"?

( ) Nunca

( ) Raramente

( ) Algumas Vezes

( ) Frequentemente

( ) Muito Frequentemente

6. Com que frequência você se pega falando demais em situações sociais?

( ) Nunca

( ) Raramente

( ) Algumas Vezes

( ) Frequentemente

( ) Muito Frequentemente

7. Quando você está conversando, com que frequência você se pega terminando as frases das pessoas antes delas?

( ) Nunca

( ) Raramente

( ) Algumas Vezes

( ) Frequentemente

( ) Muito Frequentemente

8. Com que frequência você tem dificuldade para esperar nas situações onde cada um tem a sua vez?

( ) Nunca

( ) Raramente

( ) Algumas Vezes

( ) Frequentemente

( ) Muito Frequentemente

9. Com que frequência você interrompe os outros quando eles estão ocupados?

( ) Nunca

( ) Raramente

( ) Algumas Vezes

( ) Frequentemente

( ) Muito Frequentemente

Como Avaliar

Se os itens de desatenção da parte A (1 a 9) e/ou os itens de hiperatividade-impulsividade da parte B (1 a 9) possuem várias respostas marcadas com **FREQUENTEMENTE** ou **MUITO FREQUENTEMENTE** existe grande chance da pessoa avaliada ser portadora do **TDAH** (pelo menos 4 em cada uma das partes).

IMPORTANTE: Não se pode fazer o diagnóstico de **TDAH** apenas com os sintomas apresentados na tabela. Para considerar o diagnóstico veja abaixo os demais critérios que também são necessários.

Critério A: Sintomas (vistos na tabela acima)

Critério B: Alguns desses sintomas devem estar presentes desde precocemente (até 12 anos).

Critério C: Existem problemas causados pelos sintomas acima em pelo menos 2 contextos diferentes (por ex., no trabalho, na vida social, na faculdade e no relacionamento conjugal ou familiar).

Critério D: Há problemas evidentes por conta dos sintomas.

Critério E: Se existe a presença de qualquer outro transtorno (tal como depressão, deficiência mental, psicose, etc.), os sintomas não podem ser atribuídos exclusivamente a ele.

NOTA*: O estudo Americano que originou a criação da ASRS-18 sugere que uma pontuação acima de 24 seja considerada como forte indício para a presença do **TDAH** no adulto. Contudo, é imprescindível a confirmação atestada por um especialista, considerando que muitos dos sintomas descritos na escala podem estar associados a outras comorbidades correlatas ao **TDAH** e/ou a outras condições psicopatológicas.

Critérios de Avaliação Preliminar para o TDAH em Adultos

Esse teste é fundamentado na lista dos sintomas que caracterizam o Transtorno do Déficit de Atenção com Hiperatividade (**TDAH**) em sua manifestação adulta. Entretanto, a sua avaliação deve ser considerado somente como um recurso secundário para o indício da existência do **TDAH**.

Como Usar

Marque no quadro abaixo, as opções que melhor se referem à pessoa avaliada. No final, quanto mais alternativas estiverem assinaladas, maior a probabilidade da presença do **TDAH**.

Tipo Desatento

(1) Presta pouca atenção a detalhes e costuma cometer erros por falta de atenção.

(2) Tem dificuldade em se concentrar ao assistir uma palestra, ler um livro, etc.

(3) Às vezes parece não ouvir quando lhe dirigem a palavra, ou numa conversa acaba prestando atenção em outras coisas.

(4) Tem dificuldade em seguir as instruções (não por incapacidade em compreendê-las), preferindo sempre a fazer suas tarefas "do seu jeito", no "seu tempo", muitas vezes deixando-as inacabadas.

(5) Dificuldade de organizar seu tempo para fazer algo ou planejar algo com antecedência.

(6) Relutância para fazer ou iniciar tarefas que exigem esforço mental e constante por muito tempo.

(7) Perde objetos e/ou esquece nomes, compromissos, datas.

(8) Distrai-se facilmente com coisas à sua volta ou mesmo com seus próprios pensamentos, parecendo muitas vezes "sonhar acordado".

(9) Apresenta com frequência esquecimento em suas atividades diárias.

É necessário que a pessoa tenha 5 ou mais dos sintomas acima, para haver maior possibilidade do diagnóstico de TDAH do Tipo Desatento.

Tipo Hiperativo / Impulsivo

(1) Movimenta-se de modo incessante os pés, as mãos ou se remexe na cadeira.

(2) Tem dificuldade para permanecer sentado (a) em situações onde isso é esperado.

(3) Sente-se incapaz de relaxar, descansar, a musculatura geralmente é tensa e está sempre em busca de algo para fazer.

(4) Tem dificuldade em manter-se silencioso em atividades de lazer.

(5) Parece ser movido por um motor "elétrico", pois está sempre, a "mil por hora".

(6) Fala, come, compra ou trabalha em demasia.

(7) Responde precipitadamente a perguntas antes que elas sejam concluídas. Responde questões escritas antes de ler até o final.

(8) Tem dificuldade em aguardar a sua vez: em conversas, filas, restaurantes.

(9) Interrompe, frequentemente, os outros em suas atividades e/ou conversas.

É necessário que a pessoa tenha 5 ou mais sintomas para haver maior possibilidade do diagnóstico de TDAH do Tipo Hiperativo/Impulsivo.

Tipo Combinado

É necessário que a pessoa tenha 5 ou mais sintomas de cada um dos 2 grupos acima para haver maior possibilidade do diagnóstico de TDAH do Tipo Combinado.

IMPORTANTE! No diagnóstico de **TDAH**, além dos sintomas acima, os demais critérios também devem ser observados:

A   Sintomas (vistos acima).

B Alguns desses sintomas devem estar presentes antes dos 12 anos de idade.

C Existem problemas causados pelos sintomas acima em pelo menos 2 contextos diferentes (trabalho, na vida social, faculdade, relacionamento conjugal e/ou familiar).

D Há problemas evidentes na vida profissional, social, familiar e/ou afetiva por conta dos sintomas.

E Se existe outro problema (tal como depressão, deficiência mental, psicose, etc.), os sintomas não podem ser atribuídos exclusivamente a ele.

ADHD — Screening Quiz for Adults

Desenvolvido no começo da década de 90 por Larry Jasper e Ivan Goldberg, o ADHD — Screening Quiz for Adults (Questionário de Triagem para **TDAH** em Adultos) é uma avaliação de triagem para verificar a existência do **TDAH** em adultos.

Como Usar

Os 24 itens propostos abaixo devem estar em harmonia de como a pessoa avaliada se comportou e se sentiu durante a maior parte da sua vida adulta. Se ela tem sido geralmente de uma maneira, mas mudou recentemente, as suas respostas deverão seguir a reflexão: "Como Essa Pessoa Tem Sido Geralmente?" Depois, para cada questão apresentada, considere 1 das 6 respostas abaixo que melhor corresponda à pessoa avaliada.

1. **Nunca = 0 Pontos**
2. **Só Um Pouco = 1 Ponto**
3. **Razoavelmente = 2 Pontos**
4. **Moderadamente = 3 Pontos**
5. **Na maioria das vezes = 4 Pontos**
6. **Muito = 5 Pontos**

1. Em casa, no trabalho ou na escola, sinto a minha mente afastar-se das tarefas desinteressantes ou difíceis.

( ) Nunca

( ) Só um pouco

( ) Razoavelmente

( ) Moderadamente

( ) Na maioria das vezes

( ) Muito

2. Acho difícil ler textos escritos, a menos que seja sobre algo muito interessante e/ou muito fácil de ser lido.

( ) Nunca

( ) Só um pouco

( ) Razoavelmente

( ) Moderadamente

( ) Na maioria das vezes

( ) Muito

3. Especialmente em grupos, acho difícil permanecer focado (a) sobre aquilo que está sendo dito nas conversas.

( ) Nunca

( ) Só um pouco

( ) Razoavelmente

( ) Moderadamente

( ) Na maioria das vezes

( ) Muito

4. Tenho um temperamento irritadiço e, normalmente, sou "pavio curto".

( ) Nunca

( ) Só um pouco

( ) Razoavelmente

( ) Moderadamente

( ) Na maioria das vezes

( ) Muito

5. Irrito-me facilmente e aborreço-me por pequenas coisas.

( ) Nunca

( ) Só um pouco

( ) Razoavelmente

( ) Moderadamente

( ) Na maioria das vezes

( ) Muito

6. Muitas vezes, eu falo coisas sem pensar, e depois me arrependo de tê-las dito.

( ) Nunca

( ) Só um pouco

( ) Razoavelmente

( ) Moderadamente

( ) Na maioria das vezes

( ) Muito

7. Geralmente, tomo decisões precipitadas, sem avaliar o suficiente sobre suas possíveis consequências.

( ) Nunca

( ) Só um pouco

( ) Razoavelmente

( ) Moderadamente

( ) Na maioria das vezes

( ) Muito

8. Tenho problemas nos relacionamento interpessoais em virtude da minha tendência em falar primeiro e pensar depois.

( ) Nunca

( ) Só um pouco

( ) Razoavelmente

( ) Moderadamente

( ) Na maioria das vezes

( ) Muito

9. Meu humor oscila de um extremo ao outro, entre altos e baixos.

( ) Nunca

( ) Só um pouco

( ) Razoavelmente

( ) Moderadamente

( ) Na maioria das vezes

( ) Muito

10. Tenho dificuldade de planejamento sobre qual ordem devo seguir para realizar as tarefas ou atividades.

( ) Nunca

( ) Só um pouco

( ) Razoavelmente

( ) Moderadamente

( ) Na maioria das vezes

( ) Muito

11. Eu fico aborrecido (a) com facilidade.

( ) Nunca

( ) Só um pouco

( ) Razoavelmente

( ) Moderadamente

( ) Na maioria das vezes

( ) Muito

12. Tenho baixa tolerância a críticas negativas, e fico facilmente chateado (a) com isso.

( ) Nunca

( ) Só um pouco

( ) Razoavelmente

( ) Moderadamente

( ) Na maioria das vezes

( ) Muito

13. Estou quase sempre me movimentando. Sou muito agitado (a).

( ) Nunca

( ) Só um pouco

( ) Razoavelmente

( ) Moderadamente

( ) Na maioria das vezes

( ) Muito

14. Sinto-me mais confortável quando estou me movimentando, do que quando estou parado (a).

( ) Nunca

( ) Só um pouco

( ) Razoavelmente

( ) Moderadamente

( ) Na maioria das vezes

( ) Muito

15. Nas conversas, começo a responder às perguntas antes mesmo das pessoas a formularem inteiramente.

( ) Nunca

( ) Só um pouco

( ) Razoavelmente

( ) Moderadamente

( ) Na maioria das vezes

( ) Muito

16. Eu costumo trabalhar em mais de um projeto ao mesmo tempo, e normalmente, acabo não concluindo muitos deles.

( ) Nunca

( ) Só um pouco

( ) Razoavelmente

( ) Moderadamente

( ) Na maioria das vezes

( ) Muito

17. Há sempre muitas ideias, pensamentos e diálogos internos na minha cabeça, como uma espécie de "tagarelice".

( ) Nunca

( ) Só um pouco

( ) Razoavelmente

( ) Moderadamente

( ) Na maioria das vezes

( ) Muito

18. Mesmo quando estou sentado (a) em silêncio, geralmente fico movendo minhas mãos ou pés.

( ) Nunca

( ) Só um pouco

( ) Razoavelmente

( ) Moderadamente

( ) Na maioria das vezes

( ) Muito

19. Nas atividades em grupo, é muito difícil ter que esperar minha vez.

( ) Nunca

( ) Só um pouco

( ) Razoavelmente

( ) Moderadamente

( ) Na maioria das vezes

( ) Muito

20. Minha mente fica sempre tão confusa que parece difícil conseguir ter um bom funcionamento mental.

( ) Nunca

( ) Só um pouco

( ) Razoavelmente

( ) Moderadamente

( ) Na maioria das vezes

( ) Muito

21. Penso em diversas coisas simultaneamente, e meus pensamentos parecem se mover como se a minha mente fosse uma máquina de fliperama.

( ) Nunca

( ) Só um pouco

( ) Razoavelmente

( ) Moderadamente

( ) Na maioria das vezes

( ) Muito

22. Meu cérebro parece um aparelho de televisão com todos os canais ligados ao mesmo tempo.

( ) Nunca

( ) Só um pouco

( ) Razoavelmente

( ) Moderadamente

( ) Na maioria das vezes

( ) Muito

23. Quando estou devaneando fica até difícil parar de "sonhar acordado".

( ) Nunca

( ) Só um pouco

( ) Razoavelmente

( ) Moderadamente

( ) Na maioria das vezes

( ) Muito

24. Fico angustiado (a) pela maneira desorganizada do funcionamento do meu cérebro.

( ) Nunca

( ) Só um pouco

( ) Razoavelmente

( ) Moderadamente

( ) Na maioria das vezes

( ) Muito

Como Avaliar

De 0 a 24 pontos — Provavelmente não tem **TDAH**

De 25 a 34 pontos — Possui apenas alguns sintomas do **TDAH**

De 35 a 49 pontos — A pessoa avaliada provavelmente possui o **TDAH** com gravidade atual média.

De 50 a 69 pontos — A pessoa avaliada, provavelmente possui o **TDAH** com gravidade atual moderada.

Acima de 70 pontos — A pessoa avaliada tem **TDAH**

NOTA*: deve-se levar em consideração ainda que, pontuações altas neste exame podem resultar de episódios de ansiedade, depressão ou mania. Estas condições devem ser descartadas antes que um diagnóstico de **TDAH** em adulto possa ser confirmado.

Escalas De Avaliação de Conners
Versões para Pais e Professores

Entre os instrumentos mais utilizados atualmente para verificar as características diagnósticas do Transtorno do Déficit de Atenção com Hiperatividade (**TDAH**) destaque para o Conners Rating Scales (parents' and teachers' versions), Escalas de Avaliação de Conners — Versões para Pais e Professores. Elaborado em 1969, pelo então psicólogo norte-americano, Carmen Keith Conners, a escala foi ligeiramente adaptada para outros países, e com sua ampla difusão tornou-se uma das ferramentas mais bem avaliadas para constatar a presença dos sintomas do **TDAH**. Contudo, apesar de toda sua eficácia reconhecida mundialmente, por apresentar uma estrutura similar ao de uma entrevista semiestruturada, a sua aplicação isolada, não pode ratificar o diagnóstico do **TDAH**.

Escala De Conners Para Professores – Versão Reduzida

Abaixo serão apresentados os problemas mais frequentes que acometem as crianças durante o seu processo de desenvolvimento. E, embora muitas dessas características sejam adequadas aos comportamentos normais, deve ser analisado, atentamente, se essas manifestações apresentam elevados valores em nível de intensidade, frequência e/ou duração. Dessa maneira, as questões abaixo deverão ser respondidas considerando o comportamento da criança durante o último mês. Portanto, recomenda-se que, para cada item, pergunte-se: "Com que frequência isto aconteceu no último mês?" Em seguida, para cada uma das 28 proposições apresentadas, marque 1 das 4 respostas abaixo que melhor corresponda à pessoa avaliada.

1. **Nunca = 0 Pontos**
2. **Um Pouco = 1 Ponto**
3. **Frequentemente = 2 Pontos**
4. **Muito Frequentemente = 3 Pontos**

1. Desatento (a). Distrai-se facilmente

( ) Nunca

( ) Um Pouco

( ) Frequentemente

( ) Muito Frequentemente

2. Comportamento desafiante com adultos

( ) Nunca

( ) Um Pouco

( ) Frequentemente

( ) Muito Frequentemente

3. Inquieto (a). Parece ter "bichos carpinteiros" (mexe o corpo sem sair do lugar)

( ) Nunca

( ) Um Pouco

( ) Frequentemente

( ) Muito Frequentemente

4. Esquece-se de coisas que ele (a) já havia aprendido

( ) Nunca

( ) Um Pouco

( ) Frequentemente

( ) Muito Frequentemente

5. Perturba as outras crianças

( ) Nunca

( ) Um Pouco

( ) Frequentemente

( ) Muito Frequentemente

6. Desafia o adulto e não colabora com os pedidos que lhe são feitos

( ) Nunca

( ) Um Pouco

( ) Frequentemente

( ) Muito Frequentemente

7. Mexe-se muito como estivesse sempre "ligado (a) a um motor"

( ) Nunca

( ) Um Pouco

( ) Frequentemente

( ) Muito Frequentemente

8. Soletra de forma pobre

( ) Nunca

( ) Um Pouco

( ) Frequentemente

( ) Muito Frequentemente

9. Não consegue permanecer sossegado (a) por muito tempo

( ) Nunca

( ) Um Pouco

( ) Frequentemente

( ) Muito Frequentemente

10. Vingativo (a) ou maldoso (a)

( ) Nunca

( ) Um Pouco

( ) Frequentemente

( ) Muito Frequentemente

11. Levanta-se do lugar na sala de aula ou em outras situações em que deveria ficar sentado (a)

( ) Nunca

( ) Um Pouco

( ) Frequentemente

( ) Muito Frequentemente

12. Mexe os pés e/ou as mãos e está irrequieto (a) no seu lugar

( ) Nunca

( ) Um Pouco

( ) Frequentemente

( ) Muito Frequentemente

13. Capacidade de leitura abaixo do esperado

( ) Nunca

( ) Um Pouco

( ) Frequentemente

( ) Muito Frequentemente

14. Tem um tempo curto de atenção

( ) Nunca

( ) Um Pouco

( ) Frequentemente

( ) Muito Frequentemente

15. Costuma argumentar ou contestar os adultos

( ) Nunca

( ) Um Pouco

( ) Frequentemente

( ) Muito Frequentemente

16. Direciona atenção apenas para assuntos que lhe interessam

( ) Nunca

( ) Um Pouco

( ) Frequentemente

( ) Muito Frequentemente

17. Tem dificuldade em esperar a sua vez

( ) Nunca

( ) Um Pouco

( ) Frequentemente

( ) Muito Frequentemente

18. Demonstra desinteresse pelos trabalhos escolares

( ) Nunca

( ) Um Pouco

( ) Frequentemente

( ) Muito Frequentemente

19. Distraído (a) ou apresentando curto tempo de atenção

( ) Nunca

( ) Um Pouco

( ) Frequentemente

( ) Muito Frequentemente

20. Tem um temperamento explosivo e imprevisível

( ) Nunca

( ) Um Pouco

( ) Frequentemente

( ) Muito Frequentemente

21. Corre em volta do espaço ou galga de forma excessiva em situações que esses comportamentos são inadequados

( ) Nunca

( ) Um Pouco

( ) Frequentemente

( ) Muito Frequentemente

22. Pobre em aritmética

( ) Nunca

( ) Um Pouco

( ) Frequentemente

( ) Muito Frequentemente

23. Interrompe e/ou se intromete nos jogos ou conversas de outros

( ) Nunca

( ) Um Pouco

( ) Frequentemente

( ) Muito Frequentemente

24. Tem dificuldade em empenhar-se em jogos ou atividades de lazer, de forma sossegada

( ) Nunca

( ) Um Pouco

( ) Frequentemente

( ) Muito Frequentemente

25. Geralmente, não conclui as coisas que começa

( ) Nunca

( ) Um Pouco

( ) Frequentemente

( ) Muito Frequentemente

26. Não costuma seguir as instruções que lhe foram dadas e não termina atividades escolares (não devido a comportamentos de oposição, nem por falta de compreensão do que lhe foi pedido)

( ) Nunca

( ) Um Pouco

( ) Frequentemente

( ) Muito Frequentemente

27. Excitável e impulsivo (a)

( ) Nunca

( ) Um Pouco

( ) Frequentemente

( ) Muito Frequentemente

28. Inquieto (a). Está sempre se levantando da cadeira e a movimentar-se pelo espaço da sala

( ) Nunca

( ) Um Pouco

( ) Frequentemente

( ) Muito Frequentemente

Escala De Conners Para os Pais – Versão Reduzida

A seguir serão apresentados os problemas mais frequentes que acometem as crianças durante o seu processo de desenvolvimento. E, embora muitas dessas características sejam adequadas aos comportamentos normais, deve ser analisado, atentamente, se essas manifestações apresentam elevados valores em nível de intensidade, frequência e/ou duração. Dessa maneira, as questões abaixo deverão ser respondidas considerando o comportamento da criança durante o último mês. Portanto, recomenda-se que, para cada item, pergunte-se: "Com que frequência isto aconteceu no último mês?" Em seguida, para cada uma das 27 proposições apresentadas, marque 1 das 4 respostas abaixo que melhor corresponda à pessoa avaliada.

1. **Nunca = 0 Pontos**
2. **Um Pouco = 1 Ponto**
3. **Frequentemente = 2 Pontos**
4. **Muito Frequentemente = 3 Pontos**

1. **Desatento (a). Distrai-se facilmente**

( ) Nunca

( ) Um Pouco

( ) Frequentemente

( ) Muito Frequentemente

2. Furioso (a). Zanga-se com facilidade, e fica ressentido (a)

( ) Nunca

( ) Um Pouco

( ) Frequentemente

( ) Muito Frequentemente

3. Dificuldade em fazer ou acabar os trabalhos de casa

( ) Nunca

( ) Um Pouco

( ) Frequentemente

( ) Muito Frequentemente

4. Está sempre a movimentar-se ou age como "tendo as pilhas carregadas" ou como se "estivesse ligado(a) a um motor"

( ) Nunca

( ) Um Pouco

( ) Frequentemente

( ) Muito Frequentemente

5. Tempo curto de atenção

( ) Nunca

( ) Um Pouco

( ) Frequentemente

( ) Muito Frequentemente

6. Discute e/ou argumenta com os adultos de maneira desadequada

( ) Nunca

( ) Um Pouco

( ) Frequentemente

( ) Muito Frequentemente

7. Mexe muito os pés e as mãos e mexe-se ainda que sentado(a) no lugar

( ) Nunca

( ) Um Pouco

( ) Frequentemente

( ) Muito Frequentemente

8. Geralmente, não consegue e/ou tem dificuldade para completar suas atividades

( ) Nunca

( ) Um Pouco

( ) Frequentemente

( ) Muito Frequentemente

9. Difícil de se controlar em centros comerciais ou lugares públicos

( ) Nunca

( ) Um Pouco

( ) Frequentemente

( ) Muito Frequentemente

10. Desarrumado(a) e/ou desorganizado(a) em casa e/ou na escola

( ) Nunca

( ) Um Pouco

( ) Frequentemente

( ) Muito Frequentemente

11. Irascível. Perde o controle com facilidade

( ) Nunca

( ) Um Pouco

( ) Frequentemente

( ) Muito Frequentemente

12. Precisa ser cobrado ou acompanhado para executar suas tarefas

( ) Nunca

( ) Um Pouco

( ) Frequentemente

( ) Muito Frequentemente

13. Só presta atenção em coisas que lhe interessam

( ) Nunca

( ) Um Pouco

( ) Frequentemente

( ) Muito Frequentemente

14. Corre em volta do espaço ou galga de forma excessiva em situações onde esses comportamentos são impróprios

( ) Nunca

( ) Um Pouco

( ) Frequentemente

( ) Muito Frequentemente

15. Distraído (a) e/ou com um tempo de atenção curto

( ) Nunca

( ) Um Pouco

( ) Frequentemente

( ) Muito Frequentemente

16. Irritável

( ) Nunca

( ) Um Pouco

( ) Frequentemente

( ) Muito Frequentemente

17. Evita, expressa relutância ou tem dificuldade em empreender tarefas que exigem um esforço mental continuado (tal como trabalhos da escola ou de casa)

( ) Nunca

( ) Um Pouco

( ) Frequentemente

( ) Muito Frequentemente

18. Irrequieto(a) parece que "tem bichos-carpinteiros" (mexe o corpo sem sair do lugar)

( ) Nunca

( ) Um Pouco

( ) Frequentemente

( ) Muito Frequentemente

19. Distrai-se quando lhe estão a dar instruções para fazer uma coisa

( ) Nunca

( ) Um Pouco

( ) Frequentemente

( ) Muito Frequentemente

20. Desafia o adulto ou recusa satisfazer os pedidos que lhe são feitos

( ) Nunca

( ) Um Pouco

( ) Frequentemente

( ) Muito Frequentemente

21. Demonstra problemas de concentração durante as aulas

( ) Nunca

( ) Um Pouco

( ) Frequentemente

( ) Muito Frequentemente

22. Tem dificuldade em permanecer numa fila ou esperar pela sua vez num jogo ou trabalho de grupo

( ) Nunca

( ) Um Pouco

( ) Frequentemente

( ) Muito Frequentemente

23. Levanta-se na sala ou em lugares onde deveria ficar

sentado(a)

( ) Nunca

( ) Um Pouco

( ) Frequentemente

( ) Muito Frequentemente

24. Deliberadamente faz coisas para irritar os outros

( ) Nunca

( ) Um Pouco

( ) Frequentemente

( ) Muito Frequentemente

25. Não segue instruções e normalmente, não termina os trabalhos, tarefas e obrigações no lugar (não é dificuldade em entender as instruções ou recusa)

( ) Nunca

( ) Um Pouco

( ) Frequentemente

( ) Muito Frequentemente

26. Tem dificuldade em brincar ou trabalhar calmamente

( ) Nunca

( ) Um Pouco

( ) Frequentemente

( ) Muito Frequentemente

27. Fica frustrado(a) quando não consegue fazer qualquer coisa

( ) Nunca

( ) Um Pouco

( ) Frequentemente

( ) Muito Frequentemente

Escala de Conners para Pais e Professores
Versão adaptada e validada para utilização no Brasil

Adaptada e validada no Brasil por Barbosa em 1995, a versão integrada da escala de Conners para pais e professores é composto por quatro fatores distribuídos entre 81 proposições, que se caracterizam pelo perfil resultante de crianças e/ou adolescentes com **TDAH**. Assim, enquanto algumas escalas investigam apenas a presença das manifestações sintomáticas atuais, as Escalas de Avaliação de Conners permitem ainda, analisar de modo sistemático, cada um dos sintomas contemplados pelo **DSM**, remontando à infância e adolescência.

1. **Nunca = 0 Pontos**
2. **Às vezes = 1 Ponto**
3. **Frequentemente = 2 Pontos**
4. **Sempre = 3 Pontos**

Versão para pais — Ponto de corte igual a 58

1. Comportamento habitual em casa

Desperta durante a noite

(   ) Nunca

( ) Às vezes

( ) Frequentemente

( ) Sempre

Tem medo diante de novas situações

( ) Nunca

( ) Às vezes

( ) Frequentemente

( ) Sempre

Tem medo de gente

( ) Nunca

( ) Às vezes

( ) Frequentemente

( ) Sempre

Tem medo de estar sozinho

( ) Nunca

( ) Às vezes

( ) Frequentemente

( ) Sempre

Preocupa-se com doenças e mortes

( ) Nunca

( ) Às vezes

( ) Frequentemente

( ) Sempre

Mostra-se tenso e rígido

( ) Nunca

( ) Às vezes

( ) Frequentemente

( ) Sempre

Apresenta espasmos musculares

( ) Nunca

( ) Às vezes

( ) Frequentemente

( ) Sempre

Apresenta tremores

( ) Nunca

( ) Às vezes

( ) Frequentemente

( ) Sempre

Sente dores de cabeça

( ) Nunca

( ) Às vezes

( ) Frequentemente

( ) Sempre

Sente dores de estômago

( ) Nunca

( ) Às vezes

( ) Frequentemente

( ) Sempre

Tem vômitos

( ) Nunca

( ) Às vezes

( ) Frequentemente

( ) Sempre

Queixa-se de enfermidades e dores

( ) Nunca

( ) Às vezes

( ) Frequentemente

( ) Sempre

Deixa-se levar por outras crianças

( ) Nunca

(   ) Às vezes

(   ) Frequentemente

(   ) Sempre

Desafia e intimida os demais

(   ) Nunca

(   ) Às vezes

(   ) Frequentemente

(   ) Sempre

É valente (arrogante) e desrespeita seus superiores (insolente)

(   ) Nunca

(   ) Às vezes

(   ) Frequentemente

(   ) Sempre

É descarado com os adultos

(   ) Nunca

(   ) Às vezes

(   ) Frequentemente

(   ) Sempre

É tímido diante dos amigos

( ) Nunca

( ) Às vezes

( ) Frequentemente

( ) Sempre

Teme em não agradar seus amigos

( ) Nunca

( ) Às vezes

( ) Frequentemente

( ) Sempre

Tem amigos

( ) Nunca

( ) Às vezes

( ) Frequentemente

( ) Sempre

É malicioso com seus irmãos

( ) Nunca

( ) Às vezes

( ) Frequentemente

( ) Sempre

Briga constantemente

( ) Nunca

( ) Às vezes

( ) Frequentemente

( ) Sempre

Critica muito outras crianças

( ) Nunca

( ) Às vezes

( ) Frequentemente

( ) Sempre

Aprende na escola

( ) Nunca

( ) Às vezes

( ) Frequentemente

( ) Sempre

Gosta de ir à escola

( ) Nunca

( ) Às vezes

( ) Frequentemente

( ) Sempre

Tem medo de ir à escola

(   ) Nunca

(   ) Às vezes

(   ) Frequentemente

(   ) Sempre

Desobedece as normas da escola

(   ) Nunca

(   ) Às vezes

(   ) Frequentemente

(   ) Sempre

Mente, culpando os outros pelos seus erros

(   ) Nunca

(   ) Às vezes

(   ) Frequentemente

(   ) Sempre

Rouba de seus pais

(   ) Nunca

(   ) Às vezes

(   ) Frequentemente

(   ) Sempre

Realiza furtos na escola

( ) Nunca

( ) Às vezes

( ) Frequentemente

( ) Sempre

Rouba em lojas, em barracas e em outros lugares

( ) Nunca

( ) Às vezes

( ) Frequentemente

( ) Sempre

Tem problemas com a polícia

( ) Nunca

( ) Às vezes

( ) Frequentemente

( ) Sempre

Pretende fazer tudo bem feito (perfeccionista)

( ) Nunca

( ) Às vezes

( ) Frequentemente

( ) Sempre

Necessita fazer sempre as coisas da mesma maneira

( ) Nunca

( ) Às vezes

( ) Frequentemente

( ) Sempre

Tem objetivos grandiosos (sonha alto)

( ) Nunca

( ) Às vezes

( ) Frequentemente

( ) Sempre

Distrai-se facilmente

( ) Nunca

( ) Às vezes

( ) Frequentemente

( ) Sempre

Mostra-se nervoso e inquieto

( ) Nunca

( ) Às vezes

( ) Frequentemente

( ) Sempre

Não consegue ficar quieto

( ) Nunca

( ) Às vezes

( ) Frequentemente

( ) Sempre

Sobe por todas as partes dos lugares

( ) Nunca

( ) Às vezes

( ) Frequentemente

( ) Sempre

Desperta muito cedo

( ) Nunca

( ) Às vezes

( ) Frequentemente

( ) Sempre

Não fica quieto durante as refeições

( ) Nunca

( ) Às vezes

( ) Frequentemente

( ) Sempre

Se começa a fazer algo repetitivo tem dificuldade de parar

( ) Nunca

( ) Às vezes

( ) Frequentemente

( ) Sempre

Suas atitudes aparentam serem movidas por um motor

( ) Nunca

( ) Às vezes

( ) Frequentemente

( ) Sempre

Versão para professores — Ponto de corte igual a 62

2. Comportamento na sala de aula

Está constantemente se mexendo

( ) Nunca

( ) Às vezes

( ) Frequentemente

( ) Sempre

Emite sons, ruídos

( ) Nunca

( ) Às vezes

( ) Frequentemente

( ) Sempre

Gosta que seus pedidos sejam ligeiramente atendidos

( ) Nunca

( ) Às vezes

( ) Frequentemente

( ) Sempre

Possui coordenação motora comprometida

( ) Nunca

( ) Às vezes

( ) Frequentemente

( ) Sempre

Irrequieto, superativo

( ) Nunca

( ) Às vezes

( ) Frequentemente

( ) Sempre

Excitável, impulsivo

( ) Nunca

( ) Às vezes

( ) Frequentemente

( ) Sempre

Desatento e facilmente distraído

( ) Nunca

( ) Às vezes

( ) Frequentemente

( ) Sempre

Normalmente, não termina o que começa

( ) Nunca

( ) Às vezes

( ) Frequentemente

( ) Sempre

Excessivamente sensível

( ) Nunca

( ) Às vezes

( ) Frequentemente

( ) Sempre

Extremamente sério e/ou triste

( ) Nunca

( ) Às vezes

( ) Frequentemente

( ) Sempre

Sonha acordado

( ) Nunca

( ) Às vezes

( ) Frequentemente

( ) Sempre

Mal-humorado, rabugento

( ) Nunca

( ) Às vezes

( ) Frequentemente

( ) Sempre

Chora com facilidade

( ) Nunca

( ) Às vezes

( ) Frequentemente

( ) Sempre

Perturba outras crianças

( ) Nunca

( ) Às vezes

( ) Frequentemente

( ) Sempre

Provoca confusões

( ) Nunca

( ) Às vezes

( ) Frequentemente

( ) Sempre

Humor oscila drasticamente e com rapidez

( ) Nunca

( ) Às vezes

( ) Frequentemente

( ) Sempre

Astucioso, gosta de bancar o espertalhão

( ) Nunca

( ) Às vezes

( ) Frequentemente

( ) Sempre

Destrutivo

( ) Nunca

( ) Às vezes

( ) Frequentemente

( ) Sempre

Furta

( ) Nunca
( ) Às vezes
( ) Frequentemente
( ) Sempre

Mente

( ) Nunca
( ) Às vezes
( ) Frequentemente
( ) Sempre

Explosões de raiva, comportamento imprevisível, explosivo

( ) Nunca
( ) Às vezes
( ) Frequentemente
( ) Sempre

3. Participação em Grupo

Isola-se das outras crianças

( ) Nunca

( ) Às vezes

( ) Frequentemente

( ) Sempre

Parece não ser aceito pelo grupo

( ) Nunca

( ) Às vezes

( ) Frequentemente

( ) Sempre

Parece se deixar levar com facilidade

( ) Nunca

( ) Às vezes

( ) Frequentemente

( ) Sempre

Não demonstra "espírito esportivo"

( ) Nunca

( ) Às vezes

( ) Frequentemente

( ) Sempre

Parece não ter habilidade para liderança

( ) Nunca

( ) Às vezes

( ) Frequentemente

( ) Sempre

Não se relaciona bem com o sexo oposto

( ) Nunca

( ) Às vezes

( ) Frequentemente

( ) Sempre

Não se relaciona bem com crianças do mesmo sexo

( ) Nunca

( ) Às vezes

( ) Frequentemente

( ) Sempre

Provoca outras crianças ou interfere nas suas atividades deliberadamente

( ) Nunca

( ) Às vezes

( ) Frequentemente

( ) Sempre

4. Atitude em relação a autoridades

Submissa

( ) Nunca

( ) Às vezes

( ) Frequentemente

( ) Sempre

Desafiadora

( ) Nunca

( ) Às vezes

( ) Frequentemente

( ) Sempre

Atrevida

( ) Nunca

( ) Às vezes

( ) Frequentemente

( ) Sempre

Tímida

( ) Nunca

( ) Às vezes

( ) Frequentemente

( ) Sempre

Medrosa

( ) Nunca

( ) Às vezes

( ) Frequentemente

( ) Sempre

Excessiva exigência da atenção. Principalmente, do professor

( ) Nunca

( ) Às vezes

( ) Frequentemente

( ) Sempre

Teimosa

( ) Nunca

( ) Às vezes

( ) Frequentemente

( ) Sempre

Excessivamente ansiosa para agradar

( ) Nunca

( ) Às vezes

( ) Frequentemente

( ) Sempre

De não cooperação

( ) Nunca

( ) Às vezes

( ) Frequentemente

( ) Sempre

Falta às aulas com frequência

( ) Nunca

( ) Às vezes

( ) Frequentemente

( ) Sempre

Structured Adults ADHD Self-Test (SAAST)

Desenvolvido pelo Dr. Greg Mulhauser, O Autoteste estruturado para adultos com **TDAH** é uma avaliação de triagem que serve apenas como um recurso indicativo para o diagnóstico do **TDAH** em adultos. Formado por 22 perguntas que se diferenciam entre dois componentes distintos do diagnóstico de **TDAH** (desatenção junto com hiperatividade/impulsividade) essa ferramenta mostra-se também sensível aos fatores que normalmente impedem o diagnóstico de **TDAH**.

Como Usar

De acordo com os valores apresentados para as 4 opções de resposta as 22 sentenças propostas abaixo devem corresponder à maneira de como a pessoa avaliada se sentiu e se comportou durante a maior parte da sua vida adulta.

1. **Não, de jeito nenhum = 0 Pontos**
2. **Sim, um pouco = 1 Ponto**
3. **Sim, moderadamente = 2 Pontos**
4. **Sim, muito = 3 Pontos**

1. Descobri que cometi erros por descuidos no trabalho, na escola ou em outras atividades, porque tenho dificuldade em prestar atenção aos detalhes.

( ) Não, de jeito nenhum

( ) Sim, um pouco

( ) Sim, moderadamente

( ) Sim, muito

2. Eu tenho tendência de me mexer com as mãos, os pés, ou de me contorcer, frequentemente, nos lugares que deveria permanecer quieto.

( ) Não, de jeito nenhum

( ) Sim, um pouco

( ) Sim, moderadamente

( ) Sim, muito

3. Muitas vezes, me distraio e me perco no que está sendo dito nas conversas.

( ) Não, de jeito nenhum

( ) Sim, um pouco

( ) Sim, moderadamente

( ) Sim, muito

4. Eu prefiro correr ou subir nas coisas, mesmo quando sei que não se encaixa na situação.

( ) Não, de jeito nenhum

( ) Sim, um pouco

( ) Sim, moderadamente

( ) Sim, muito

5. Eu acho difícil organizar minhas tarefas e/ou atividades.

( ) Não, de jeito nenhum

( ) Sim, um pouco

( ) Sim, moderadamente

( ) Sim, muito

6. Eu estou frequentemente "em movimento".

( ) Não, de jeito nenhum

( ) Sim, um pouco

( ) Sim, moderadamente

( ) Sim, muito

7. Eu costumo perder coisas que preciso para usar na escola ou no trabalho.

( ) Não, de jeito nenhum

( ) Sim, um pouco

( ) Sim, moderadamente

( ) Sim, muito

8. Não consigo deixar de responder antes mesmo que alguém tenha terminado de me fazer uma pergunta.

( ) Não, de jeito nenhum

( ) Sim, um pouco

( ) Sim, moderadamente

( ) Sim, muito

9. Sou esquecido durante minhas atividades diárias.

( ) Não, de jeito nenhum

( ) Sim, um pouco

( ) Sim, moderadamente

( ) Sim, muito

10. Eu acho difícil manter minha atenção naquilo que estou fazendo, seja trabalhando ou jogando.

( ) Não, de jeito nenhum

( ) Sim, um pouco

( ) Sim, moderadamente

( ) Sim, muito

11. Eu acho difícil ficar sentado, mesmo quando sei que preciso esperar por algo.

( ) Não, de jeito nenhum

( ) Sim, um pouco

( ) Sim, moderadamente

( ) Sim, muito

12. Acho difícil seguir instruções ou concluir tarefas ou deveres, mesmo compreendendo que é isso o que se espera de mim.

( ) Não, de jeito nenhum

( ) Sim, um pouco

( ) Sim, moderadamente

( ) Sim, muito

13. Eu acho difícil me envolver em atividades lúdicas ou de lazer que são silenciosas.

( ) Não, de jeito nenhum

( ) Sim, um pouco

( ) Sim, moderadamente

( ) Sim, muito

14. Eu não gosto de ter que fazer algo que exige um esforço mental sustentado.

( ) Não, de jeito nenhum

( ) Sim, um pouco

( ) Sim, moderadamente

( ) Sim, muito

15. Eu costumo falar excessivamente.

( ) Não, de jeito nenhum

( ) Sim, um pouco

( ) Sim, moderadamente

( ) Sim, muito

16. Estou facilmente distraído.

( ) Não, de jeito nenhum

( ) Sim, um pouco

( ) Sim, moderadamente

( ) Sim, muito

17. Tenho dificuldade em esperar a minha vez.

( ) Não, de jeito nenhum

( ) Sim, um pouco

( ) Sim, moderadamente

( ) Sim, muito

18. Eu, frequentemente, interrompo os outros.

( ) Não, de jeito nenhum

( ) Sim, um pouco

( ) Sim, moderadamente

( ) Sim, muito

19. Mesmo antes dos 7 anos de idade, algumas das questões anteriores (1-18) ainda teriam sido marcadas com "Sim, moderadamente" ou "Sim, muito".

( ) Não

( ) Sim

20. Tenho problemas relacionados a algumas das situações acima em mais de um contexto. Ou seja, tenho manifestações desses problemas não apenas em casa, nem somente no trabalho.

( ) Não

( ) Sim

21. A presença desses problemas costuma desencadear alguns prejuízos em minha vida social, acadêmica, profissional e/ou em meus relacionamentos interpessoais.

( ) Não, de jeito nenhum

( ) Sim, um pouco

( ) Sim, moderadamente

( ) Sim, muito

22. Eu já fui diagnosticado antes com outro Transtorno que também poderia justificar os tipos de experiências propostos acima. Ou acredito que possa estar passando por tal desordem. Isso pode incluir Transtorno Invasivo do Desenvolvimento (TID), Transtorno do Humor,

Transtorno de Ansiedade, Transtorno Dissociativo, Transtorno da Personalidade, Esquizofrenia ou outro Transtorno Psicótico.

( ) Não

( ) Sim

Como Avaliar

Pontuação para as perguntas 1-18:

0 — Não, de jeito nenhum
1 — Sim, um pouco
2 — Sim, moderadamente
3 — Sim, muito

Isso produz uma pontuação máxima total de 54. A pergunta 21 é pontuada na mesma escala, entretanto, é usada para julgar se um diagnóstico de **TDAH** deve ser excluído. Portanto, não deve ser incluída no total final dos pontos. As questões 19, 20 e 22 com a possibilidade de respostas somente para SIM / NÃO são pontuadas como uma escolha binária e são usadas novamente para descartar o diagnóstico de **TDAH**. Por exemplo, a pergunta 19 sobre a presença dos sintomas antes dos 7 anos.

Informação Adicional

Pontuações acima de 24, juntamente com a ausência de fatores atenuantes (outras condições médicas) são, geralmente, consistentes para a presença do **TDAH**. Logo, se a pessoa avaliada obteve mais de 24 pontos neste teste é recomendável que procure um especialista para realizar uma avaliação mais detalhada e precisa.

Questionário Inicial Para Pais e Professores

Composto por 120 sentenças, a versão integrada do Questionário Inicial para Pais (QIPAIS) e do Questionário Inicial para Professores (QIPROF) foi desenvolvido através da junção das características presentes em 4 diferentes ferramentas usadas no diagnóstico do **TDAH: (1)** DSM, **(2)** Child Behavior Checklist (CBCL), **(3)** Escala de Conners, **(4)** SNAP-IV.

Como Usar

A seguir serão relacionados os termos descritivos de comportamentos de seu aluno (a) ou filho (a). Leia, atentamente, cada item, e de acordo com as 5 opções abreviadas de resposta abaixo, assinale aquela que melhor corresponde à pessoa avaliada.

1. **Nunca / Nem Um Pouco = (N)**
2. **Às Vezes / Raramente = (AV)**
3. **Muitas Vezes / Frequentemente = (MV)**
4. **Sempre = (S)**
5. **Não Sei Informar = (NSI)**

1. Falha em prestar atenção aos detalhes ou comete erros por falta de cuidado em trabalhos escolares e tarefas

(N)

(AV)

(MV)

(S)

(NSI)

2. Dificuldade em terminar o que começa

(N)

(AV)

(MV)

(S)

(NSI)

3. É desorganizado em suas lições de classe, tarefas ou atividades

(N)

(AV)

(MV)

(S)

(NSI)

4. Esquece as atividades diárias (tarefas, recados, obrigações)

(N)

(A V)

(M V)

(S)

(N S I)

5. Parece não ouvir quando falam com ele

(N)

(A V)

(M V)

(S)

(N S I)

6. Incapaz de prestar atenção numa mesma coisa durante muito tempo

(N)

(A V)

(M V)

(S)

(N S I)

7. Tem dificuldades para seguir instruções, terminar deveres de casa, tarefas, ou obrigações

(N)

(A V)

(MV)

(S)

(NSI)

8. Distrai-se facilmente por barulhos ou outros estímulos na aula

(N)

(AV)

(MV)

(S)

(NSI)

9. Evita, não gosta ou reluta em participar de tarefas e brincadeiras que exijam esforço mental

(N)

(AV)

(MV)

(S)

(NSI)

10. Perde coisas (brinquedos, livros, lápis, cadernos, jaquetas, chinelos)

(N)

(AV)

(MV)

(S)

(NSI)

11. Tem dificuldade de permanecer atento durante as explicações, para responder pedidos ou executar ordens

(N)

(AV)

(MV)

(S)

(NSI)

12. Tem dificuldade para manter a atenção em tarefas ou brincadeiras

(N)

(AV)

(MV)

(S)

(NSI)

13. Vive sonhando, no "mundo da lua"

(N)

(AV)

(MV)

(S)

(NSI)

14. Dificuldade em prestar atenção em uma atividade ou conversa

(N)

(AV)

(MV)

(S)

(NSI)

15. Esquece rápido o que acaba de ser dito

(N)

(AV)

(MV)

(S)

(NSI)

16. Geralmente, termina com atraso as atividades escolares

(N)

(AV)

(MV)

(S)

(NSI)

17. Dificuldade em cumprir ordens

(N)

(AV)

(MV)

(S)

(NSI)

18. Dificuldade para seguir instruções

(N)

(AV)

(MV)

(S)

(NSI)

19. Dificuldade para esperar a vez

(N)

(AV)

(MV)

(S)

(NSI)

20. Age imprudentemente (corre riscos)

(N)

(AV)

(MV)

(S)

(NSI)

21. Faz tarefas rapidamente para se sentir livre. Está sempre com muita pressa

(N)

(AV)

(MV)

(S)

(NSI)

22. Responde antes de ouvir toda pergunta

(N)

(AV)

(MV)

(S)

(NSI)

23. Parece estar sempre "a todo vapor" ou "ligado num motor"

(N)

(AV)

(MV)

(S)

(NSI)

24. Age sem pensar (é impulsivo)

(N)

(AV)

(MV)

(S)

(NSI)

25. Interrompe ou se intromete nas conversas, brincadeiras

(N)

(AV)

(MV)

(S)

(NSI)

26. Fala demais (atrapalha a aula)

(N)

(AV)

(MV)

(S)

(NSI)

27. Tem dificuldade em permanecer sentado. Se remexe e/ ou se levanta das cadeiras

(N)

(AV)

(MV)

(S)

(NSI)

28. Tem dificuldade para brincar ou participar silenciosamente em atividade de lazer

(N)

(AV)

(MV)

(S)

(NSI)

29. Conversa demais (atrapalha o ambiente ou a aula)

(N)

(AV)

(MV)

(S)

(NSI)

30. Corre ou sobe pelas paredes em situações inadequadas

(N)

(AV)

(MV)

(S)

(NSI)

31. É impaciente e inquieto

(N)

(AV)

(MV)

(S)

(NSI)

32. Exige que suas solicitações sejam atendidas imediatamente

(N)

(AV)

(MV)

(S)

(NSI)

33. Agita mãos e pés e se agita na cadeira/carteira

(N)

(AV)

(MV)

(S)

(NSI)

34. Quebra ou destrói material escolar ou outros objetos

(N)

(AV)

(MV)

(S)

(NSI)

35. Acidenta-se facilmente

(N)

(AV)

(MV)

(S)

(NSI)

36. Fala com dificuldade

(N)

(AV)

(MV)

(S)

(NSI)

37. Dificuldade em redigir textos (sintetizar, resumir, falta de conteúdo ou coerência)

(N)

(A V)

(M V)

(S)

(N S I)

38. Leitura lenta, silabada, vacilante, não automatizada

(N)

(A V)

(M V)

(S)

(N S I)

39. Dificuldade na interpretação de textos lidos

(N)

(A V)

(M V)

(S)

(N S I)

40. Dificuldade na interpretação de textos escritos

(N)

(AV)

(MV)

(S)

(NSI)

41. Apresenta dificuldades na escrita: trocas, substituições, espelhamento ou aglutinação

(N)

(AV)

(MV)

(S)

(NSI)

42. Apresenta caligrafia desleixada

(N)

(AV)

(MV)

(S)

(NSI)

43. Apresenta acentuação e pontuação inadequada

(N)

(AV)

(MV)

(S)

(N S I)

44. O raciocínio lógico é lento

(N)

(A V)

(M V)

(S)

(N S I)

45. Falha na resolução de problemas matemáticos

(N)

(A V)

(M V)

(S)

(N S I)

46. Realiza operações matemáticas com dificuldade (de acordo a série)

(N)

(A V)

(M V)

(S)

(N S I)

47. Rende abaixo do esperado na escola

(N)

(AV)

(MV)

(S)

(NSI)

48. Tem dificuldade para expressar oralmente seus pensamentos

(N)

(AV)

(MV)

(S)

(NSI)

49. Evita tarefas que exigem esforço mental constante

(N)

(AV)

(MV)

(S)

(NSI)

50. Apresenta dificuldade na motricidade fina (desenhos, fazer laço, amarrar, abotoar, usar a tesoura)

(N)

(A V)

(M V)

(S)

(N S I)

51. Apresenta dificuldade na motricidade global (equilíbrio, cai com frequência)

(N)

(A V)

(M V)

(S)

(N S I)

52. Evita tarefas ou trabalhos escolares

(N)

(A V)

(M V)

(S)

(N S I)

53. Evita estudar (falta motivação para estudar e fazer tarefas)

(N)

(AV)

(MV)

(S)

(NSI)

54. Participa pouco em aula e pede ajuda quando necessário

(N)

(AV)

(MV)

(S)

(NSI)

55. Estuda pouco para as avaliações

(N)

(AV)

(MV)

(S)

(NSI)

56. Perde a calma facilmente (pavio curto)

(N)

(AV)

(MV)

(S)

(NSI)

57. Discute com adultos (atrevido, debochado, ousado)

(N)

(AV)

(MV)

(S)

(NSI)

58. É valentão ou agressivo com outras pessoas

(N)

(AV)

(MV)

(S)

(NSI)

59. Desafia ou se recusa a seguir as regras ou os pedidos / solicitações como escovar os dentes, tomar banho, fazer tarefas

(N)

(AV)

(MV)

(S)

(NSI)

60. Faz de propósito coisas que incomodam ou interfere nas atividades

(N)

(AV)

(MV)

(S)

(NSI)

61. Culpa os outros pelos seus erros ou conduta inadequada

(N)

(AV)

(MV)

(S)

(NSI)

62. Perturba outras crianças (irrita outras crianças com palhaçadas, empurrões ou cutucões)

(N)

(AV)

(MV)

(S)

(N S I)

63. É bravo e/ou ressentido

(N)

(A V)

(M V)

(S)

(N S I)

64. Guarda ódio ou é vingativo

(N)

(A V)

(M V)

(S)

(N S I)

65. É negativista, desafiante, desobediente ou hostil contra autoridades

(N)

(A V)

(M V)

(S)

(N S I)

66. Machuca outras crianças

(N)

(AV)

(MV)

(S)

(NSI)

67. Furta alguma coisa (dinheiro, material escolar, brinquedos)

(N)

(AV)

(MV)

(S)

(NSI)

68. Frustra-se facilmente se não atendido

(N)

(AV)

(MV)

(S)

(NSI)

69. É mal-humorado

(N)

(AV)

(M V)

(S)

(N S I)

70. Destrói a propriedade alheia (vandalismo)

(N)

(A V)

(M V)

(S)

(N S I)

71. É mentiroso (mente, frauda, cola, copia o trabalho, trapaceia)

(N)

(A V)

(M V)

(S)

(N S I)

72. Viola as regras seriamente - gazeia aula, foge, ignora regras da classe

(N)

(A V)

(M V)

(S)

(NSI)

73. Coopera pouco com os professores e/ou colegas

(N)

(AV)

(MV)

(S)

(NSI)

74. Age espertamente (malandro), sempre quer levar vantagem

(N)

(AV)

(MV)

(S)

(NSI)

75. È manipulador

(N)

(AV)

(MV)

(S)

(NSI)

76. Apresenta acesso de fúria / possui temperamento explosivo

(N)

(A V)

(M V)

(S)

(N S I)

77. É rejeitado pelos colegas ou familiares

(N)

(A V)

(M V)

(S)

(N S I)

78. Dificuldades para aceitar limites

(N)

(A V)

(M V)

(S)

(N S I)

79. Causa confusão em reuniões, festas, parques ou sala de aula

(N)

(AV)

(MV)

(S)

(NSI)

80. É triste, vazio ou infeliz

(N)

(AV)

(MV)

(S)

(NSI)

81. Chora fácil

(N)

(AV)

(MV)

(S)

(NSI)

82. Sente-se culpado ou inútil ou incapaz ou se acha feio

(N)

(AV)

(MV)

(S)

(N S I)

83. Falta interesse ou prazer pelas atividades (desânimo ou sem gosto pelas coisas ou indisposição)

(N)

(A V)

(M V)

(S)

(N S I)

84. Cansa-se fácil

(N)

(A V)

(M V)

(S)

(N S I)

85. Apresenta falta ou apetite exagerado

(N)

(A V)

(M V)

(S)

(N S I)

86. Isola-se ou brinca só

(N)

(AV)

(MV)

(S)

(NSI)

87. Fala em morrer ou tem ideias, planos ou tentativa de suicídio

(N)

(AV)

(MV)

(S)

(NSI)

88. Sintomas físicos persistentes - dor cabeça, ou abdominal ou nas pernas, diarreia, vômito, tontura

(N)

(AV)

(MV)

(S)

(NSI)

89. Tem ansiedade ou preocupação excessiva

(N)

(AV)

(MV)

(S)

(NSI)

90. Apresenta baixa autoestima na maior parte do tempo

(N)

(AV)

(MV)

(S)

(NSI)

91. Inconsequente em seus atos (não se preocupa com a opinião dos outros)

(N)

(AV)

(MV)

(S)

(NSI)

92. É pessimista, desanimado ou sem esperança

(N)

(AV)

(MV)

(S)

(NSI)

93. Humor variável (tristeza e/ou irritabilidade)

(N)

(AV)

(MV)

(S)

(NSI)

94. Tem medos ou apresenta crises de pânico

(N)

(AV)

(MV)

(S)

(NSI)

95. Tem compulsões (comportamentos repetitivos ou atos para reduzir ansiedade ou angústia: mania de limpeza, verificação se a porta está aberta, repetição como contar números etc.)

(N)

(AV)

(MV)

(S)

(NSI)

96. Tem manias ou rituais

(N)

(AV)

(MV)

(S)

(NSI)

97. Fala ou faz gestos obscenos intencionais

(N)

(AV)

(MV)

(S)

(NSI)

98. Faz ruídos estranhos (fungar, sons estranhos, palavrões)

(N)

(AV)

(MV)

(S)

(NSI)

99. Tem algum tique nervoso (pisca, mexe com as mãos, ombros, braços, rói unha, chupa os dedos)

(N)

(AV)

(MV)

(S)

(NSI)

100. Preocupa-se com doenças ou mortes

(N)

(AV)

(MV)

(S)

(NSI)

101. Apresenta euforia, alegria exagerada ou inadequada

(N)

(AV)

(MV)

(S)

(NSI)

102. Ideias de grandeza, acha-se "o melhor"

(N)

(AV)

(MV)

(S)

(NSI)

103. Corajoso - enfrenta situações inconsequentemente

(N)

(AV)

(MV)

(S)

(NSI)

104. Comportamento sexual inadequado (forçar ato sexual, abuso, conduta inadequada)

(N)

(AV)

(MV)

(S)

(NSI)

105. Evita olhar nos olhos dos outros

(N)

(AV)

(MV)

(S)

(NSI)

106. Apresenta movimentos anormais (pulos, bate palmas, balança as mãos, toca as pessoas)

(N)

(AV)

(MV)

(S)

(NSI)

107. É egoísta

(N)

(AV)

(MV)

(S)

(NSI)

108. Age incorretamente: elimina gases, cuspe, empurra os outros

(N)

(AV)

(MV)

(S)

(NSI)

109. Dificuldade para memorizar

(N)

(AV)

(MV)

(S)

(NSI)

110. Machuca e agride animais (cruel)

(N)

(AV)

(MV)

(S)

(NSI)

111. Inicia brigas ou lutas físicas

(N)

(AV)

(MV)

(S)

(NSI)

112. Costuma intimidar ou ameaçar os outros

(N)

(AV)

(MV)

(S)

(NSI)

113. Costuma deixar urina ou fezes nas roupas

(N)

(AV)

(MV)

(S)

(NSI)

114. Varia constantemente de comportamento (tristeza/euforia/agitação)

(N)

(AV)

(MV)

(S)

(NSI)

115. Preocupações com o futuro (com coisas antes de acontecer)

(N)

(AV)

(MV)

(S)

(NSI)

116. Apresenta-se indeciso

(N)

(AV)

(MV)

(S)

(NSI)

117. Preocupações com fatos passadas

(N)

(AV)

(MV)

(S)

(NSI)

118. Costuma estar irritado

(N)

(AV)

(MV)

(S)

(NSI)

119. Apresenta pensamentos obsessivos, desagradáveis, incomodativos

(N)

(AV)

(MV)

(S)

(NSI)

120. Apresenta problemas do sono (insônia, pesadelos, sonambulismo, falar dormindo)

(N)

(AV)

(MV)

(S)

(NSI)

Considerações

1. As dificuldades apresentadas acima interferem e/ou atrapalham na aprendizagem dele (a):

Não ( )

Sim (   )

Não Sei (   )

2. As dificuldades apresentadas acima interferem e/ou atrapalham o relacionamento dele (a) com outras crianças, com os professores, os funcionários da escola e/ou com seus familiares:

Não (   )

Sim (   )

Não Sei (   )

Escala de Avaliação de Wender Utah para o TDAH

Constituída por 61 itens e um subconjunto com 25 questões associadas ao diagnóstico do **TDAH**, a Wender Utah Rating Scale (WURS), Escala de Avaliação de Wender Utah é um instrumento de autorrelato projetado para a avaliação dimensional retrospectiva do **TDAH** na infância para adultos e tem sido amplamente utilizada neste contexto. De acordo com as últimas pesquisas constatou-se também que a escala pode ser usada apropriadamente para prever casos de distimia, transtorno desafiador de oposição, problemas de trabalho escolar, transtorno de conduta, e Transtornos de Ansiedade, em adultos com **TDAH**. Baseada nos critérios do DSM, a Escala de Avaliação de Wender Utah mede os sintomas do **TDAH** em adultos através de sete categorias:

1. Dificuldades De Atenção;
2. Hiperatividade/Inquietação;
3. Temperamento;
4. Labilidade Afetiva;
5. Hiper-Reatividade Emocional;
6. Desorganização;
7. Impulsividade;

Como Usar

As 61 sentenças deverão ser respondidas pelo adulto avaliado, considerando seus comportamentos durante a infância (Quando criança, eu era ou tinha...). E a partir das suas conclusões, assinalar o valor referente a opções de resposta que melhor representa a condição da pessoa avaliada.

1. **Nem um pouco ou muito ligeiramente = 0 Pontos**
2. **Suavemente =1 Ponto**
3. **Moderadamente = 2 Pontos**
4. **Bastante = 3 Pontos**
5. **Muito = 4 Pontos**

Quando criança, eu era (ou tinha)

1. Ativa, agitada e estava sempre em movimento
2. Tinha medo de muitas coisas
3. Problemas de concentração, facilmente distraída
4. Preocupação, ansiedade
5. Nervosa, inquieta
6. Desatenta, "sonhava acordada"
7. Ponto de ebulição, de "baixa ou alta" temperatura
8. Tímida sensível
9. Temperamento explosivo, acessos de raiva
10. Dificuldade com a persistência para conseguir terminar as coisas que começava

11. Teimosa, obstinada

12. Triste, infeliz ou deprimida

13. Incauta e/ou diabólica nas brincadeiras

14. Não curtia as coisas, insatisfeita com a vida

15. Rebelde, desobediente e atrevida com meus pais

16. Baixa opinião sobre mim mesmo

17. Irritável

18. Extrovertida e amigável na companhia de pessoas

19. Desleixada, desorganizada

20. Altas e baixas de humor

21. Brava

22. Amigos populares

23. Bem organizada, arrumada

24. Agindo impulsivamente, sem pensar

25. Tendência a ser imaturo

26. Sentimentos de culpa, de arrependido

27. Perdia o controle de mim mesmo

28. Tendência a ser ou agir de forma irracional

29. Impopular com outras crianças, não mantinha amigos por muito tempo, não me relacionava bem com outras crianças

30. Incoordenada, não participava de esportes

31. Medo de perder o controle

32. Tinha boa coordenação motora, era a primeira escolhida em jogos

33. Descarada (só para mulheres)

34. Fugido de casa

35. Envolvida em brigas

36. Provocando outras crianças

37. Líder, mandona

38. Dificuldade para acordar

39. Era seguidora, conduzida em demasia

40. Dificuldade em ver as coisas do ponto de vista de outra pessoa

41. Problemas com autoridades, visitas escolares ao escritório do diretor

42. Problemas com a polícia

Problemas médicos quando criança

43. Dores de cabeça
44. Dores de estômago
45. Prisão de ventre
46. Diarreia
47. Algumas alergias alimentares
48. Outras alergias
49. Enurese

Quando criança na escola eu era (ou tive)

50. Em geral, um aluno mediano
51. Em geral, um aluno pobre, aprendizado lento
52. Demorei para aprender a ler
53. Leitor lento
54. Dificuldade para inverter as letras
55. Problemas com ortografia
56. Problemas com matemática e/ou números

57. Caligrafia ruim
58. Capaz de ler muito bem, mas nunca gostei muito de ler
59. Não alcançava o potencial esperado
60. Notas baixas repetidas
61. Suspenso ou expulso

25 Questões Relacionadas ao TDAH

3. Problemas de concentração, facilmente distraída

4. Preocupações, ansiedade

5. Nervosa, inquieta

6. Desatenta, "sonhava acordado"

7. Ponto de ebulição, de "baixa ou alta" temperatura

9. Temperamento explosivo, acessos de raiva

10. Dificuldade com a persistência para conseguir terminar as coisas que começava

11. Teimosa, obstinada

12. Triste, infeliz ou deprimida

15. Rebelde, desobediente e atrevida com meus pais

16. Baixa opinião sobre mim mesmo

17. Irritável

20. Mudanças de humor, altas e baixas no temperamento

21. Brava

24. Agindo impulsivamente, sem pensar

25. Tendência a ser imatura

26. Sentimentos de culpa, de arrependido

27. Perdendo o controle de mim mesmo

28. Tendência a ser ou agir de forma irracional

29. Impopular com outras crianças, não mantinha amizades por muito tempo, não me relacionava bem com outras crianças

40. Dificuldade em ver as coisas do ponto de vista de outra pessoa

41. Problemas com autoridades, visitas escolares ao escritório do diretor

Quando criança na escola eu era (ou tive)

51   Em geral, um estudante pobre, com aprendizado lento
56   Problemas com números, cálculos e matemática
59   Não estava alcançando o potencial esperado

Como Avaliar

A soma das 25 questões relacionadas ao **TDAH** é usada para calcular uma pontuação resumida do **TDAH**. Porque a Escala de Avaliação de Wender Utah não classifica, separadamente, os subtipos de **TDAH** (especificadores de apresentação), a pontuação resumida do **TDAH** não pode ser integrada a outro subtipo pontuações.

O Subscore da WURS = _____ (soma das 25 questões relacionadas ao **TDAH**)

Uma pontuação menor que 50 indica que os sintomas de **TDAH** não são consistentes com um diagnóstico positivo para dificuldade de atenção.

Uma pontuação maior ou igual a 50 indica que os sintomas de **TDAH** são consistentes com um diagnóstico positivo para dificuldade de atenção.

A pontuação resumida aumenta à medida que aumenta a gravidade das respostas de **TDAH**. O escore sumário, portanto, é calculado somando as respostas o valor obtido com as 25 questões relacionadas ao **TDAH** e usando um ponto de corte de 46.

Durante meados de 2005, enquanto eu concluía a 1ª Edição do livro, **Eu & Meu Amigo DDA — Autobiografia de um Portador do Transtorno do Déficit de Atenção com Hiperatividade**. Depois de passar um longo período dedicado às pesquisas, troca de informações constantes com estudiosos e outros portadores do distúrbio — além da experiência empírica e sensorial da minha própria vivência com o transtorno — consegui reunir as 75 (setenta e cinco) características cognitivas e comportamentais mais comuns observadas entre os diferentes subtipos do **TDAH**:

1. Tendência a aumentar a proporção de um problema. Por menor que ele seja, pode ser capaz de consumir-lhe por horas, dias ou até mesmo meses.

2. Embora não seja dado às mentiras, adora incrementar os relatos, colocando mais emoção nas histórias antes de contá-las.

3. É capaz de, em apenas um único dia, experimentar as mais extremas oscilações de humor. Podendo acordar triste, e no correr do dia, algo inexplicável ou até mesmo banal reacender o seu entusiasmo.

4. Geralmente é intenso.

5. É impulsivo nas atitudes e/ou nas falas.

6. Perfeccionista. Como uma espécie de defesa antevendo as críticas, ou para encobrir alguns traços de baixa autoestima.

7. Sente que gosta mais do que os outros de ouvir elogios, como se precisasse deles.

8. Muda constantemente de assunto durante as conversas. Quase sempre, enquanto estão falando sobre alguma coisa, já está impaciente por dentro, querendo passar imediatamente para outro assunto.

9. Dificuldade para seguir uma única linha de raciocínio. É capaz de pensar em diversas coisas simultaneamente.

10. Ama intensamente a vida.

11. Foi o palhaço, transgressor ou o líder de grupos nas escolas.

12. Ao notar alguém triste, tenta rapidamente encontrar fórmulas para agradá-la.

13. Tendência à distração. Dificuldade em sustentar a atenção durante muito tempo numa mesma tarefa.

14. Antecipa em pensamentos futuros diálogos. Criando perguntas e/ou já articulando respostas.

15. Deixa coisas, ideias e/ou projetos inacabados.

16. É extremista. Pode-se dizer que é oito ou oitenta.

17. Sente ter muitos momentos de inspiração.

18. Detesta arrogância e injustiça.

19. Normalmente, tem bom domínio sobre assuntos que lhe interessem.

20. Tem concentração seletiva (muita ou pouca concentração): se algo não o interessa, por exemplo, perde-se no meio do parágrafo de um texto ou numa cena de novela mergulhado em seus devaneios. Entretanto, quando o oposto acontece, é capaz de envolver-se de tal maneira dentro dos livros ou filmes, como se fizesse parte deles.

21. Sonha constantemente acordado. Muitas vezes, se entretém tanto com os devaneios que se distrai no momento real.

22. É muito esquecido. Normalmente tem dificuldades em registrar nomes, datas, telefones e compromissos.

23. Dificuldade de organização.

24. Teve apelidos ou ainda os tem, tais como: bagunceiro, desorganizado, mal-educado, burro, lerdo, exagerado, esquecido, desligado, "viajandão" ou preguiçoso.

25. Detesta ser incompreendido ou mal interpretado. Embora, isso aconteça frequentemente.

26. Precisa se conter para não digitar tantas exclamações ou reticências quanto gostaria de fazê-lo nos teclados do computador enquanto escreve.

27. 26, 27 ou 28? Sente isso, às vezes, por se perder facilmente em ordenação e/ou sequência numérica.

28. Mania de explicar as coisas com precisão de detalhes, e de modo minucioso. Tornando-se prolixo diversas vezes.

29. Ao ser questionado sobre algo no qual detenha pleno conhecimento fica com dificuldade em iniciar a explicação. Se o questionarem sobre o que é **DDA**, por exemplo, e detiver amplo conhecimento, não sabe como e nem por onde deve iniciar a explicação. Fica tão agoniado para exteriorizar tudo em total plenitude que muitas vezes não consegue expressar com exatidão tudo aquilo que sabe.

30. Sente que precisa ser cobrado, lembrado e apoiado constantemente para fazer algo que deve ser feito.

31. Geralmente gosta de emoção e aventuras: velocidade no carro, atividades inusitadas, esportes radicais etc.

32. Oscila entre fases de hipersexualidade e de hiposexualidade.

33. Detesta seguir ordens, regras e/ou normas. Ou não as segue, involuntariamente. Geralmente não usa o cinto de segurança.

34. É imediatista. Vive intensamente o agora.

35. Está sempre fazendo muitas coisas ao mesmo tempo.

36. Há dias em que se sente impotente, fraco, inútil, incapaz. Entretanto, em outros, se sente capaz de conquistar e/ou realizar qualquer coisa.

37. Tem imensa dificuldade para dizer "não".

38. Sente desordem mental, como uma espécie de confusão interna. Pensa em um turbilhão de coisas e ideias desconexas simultaneamente.

39. Dificuldade para pegar no sono. Muitas vezes, passa um filme na cabeça antes de adormecer. Normalmente tem insônia e leva problemas para a cama. Por isso, comumente, já acorda indisposto e/ou cansado.

40. Cria pensamentos sequenciados, como, por exemplo, ao ver uma caixa de fósforos, imagina o palito aceso, já ligando a boca de um fogão.

41. Muitas vezes tem ideias geniais. Porém, logo as esquece, ou a incerteza o faz desacreditar. Por isso, muitos desejos ficam restritos a simples vontades.

42. Possui extrema dificuldade de manter-se paciente em filas e/ou em situações que demandem longo tempo de espera.

43. Dificuldade (não impossibilidade) em ser fiel nos relacionamentos. Entretanto, muitas vezes quando trai, faz apenas por emoção, aventura, fuga da rotina ou por gostar de ouvir novos elogios.

44. Possui intolerância em diálogos chatos, conversas sobre assuntos que desconhece e lugares pacatos, monótonos e/ou marasmados.

45. Antecipa as respostas dos outros, se eles seguem um ritmo lento e diferente de seu raciocínio.

46. Oscila entre fases quase compulsivas e outras de desinteresse por comida, sexo e/ou compras.

47. Sente que, por diversas vezes, as palavras simplesmente saem sem que possa avaliar antes as suas consequências. Por isso, constantemente faz comentários inapropriados e/ou acaba sendo indelicado por ser sincero demais.

48. Sofre ao agredir verbalmente alguém ou se arrepende em deixar alguma pessoa sem graça com suas tiradas inadequadas.

49. Tem ótimas respostas e boa presença de espírito.

50. Normalmente é descontraído. Mas como seu humor é instável, às vezes, está apenas reservado em seu mundo.

51. Imensa dificuldade em aceitar as pessoas como elas são, o que o faz cobrar muito dos outros.

52. Com ânsia para falar algo, na velocidade da sua agitação mental, acaba criando palavras que não existem, frases incompletas ou comete erros grotescos na pronúncia.

53. Adora ser testado, incitado e/ou desafiado.

54. Deixa coisas importantes para última hora.

55. Apatia após a realização de algum projeto.

56. De maneira involuntária, sua mente sempre busca algo para se ocupar, como problemas, metas, planos, ideias.

57. Normalmente é vibrante, tem ótima energia e bom astral. Muitas pessoas buscam sua companhia, porque passa coisas boas e não hesita agradar a todos.

58. Nota ser uma pessoa marcante. Percebe que muitos se recordam de você, até mesmo depois de anos.

59. Possui algum tipo de vício: café, chocolate, Coca-Cola, cigarro, álcool, cocaína, maconha etc.

60. Dificuldade para continuar algo com a mesma empolgação com que começou.

61. Quando está numa fase mais agitada, entusiasmado com alguma coisa, dormir causa uma estranha sensação de perda de tempo.

62. Independente do resultado, sempre acredita que aquilo que já foi feito, poderia ter ficado ainda melhor.

63. Problema de autoestima, não apenas aos aspectos físicos, mas principalmente, quanto a sua própria capacidade.

64. Geralmente, carrega traumas da vida acadêmica. Talvez por isso, sofra mais, com críticas ligadas ao intelecto.

65. Dificuldade de permanecer quieto. Essa impaciência o faz experimentar quase todas as posições possíveis quando está sentado.

66. Não poupa elogios aos outros.

67. Gosta de compartilhar sua alegria.

68. Sente ter forte intuição.

69. Sempre se sentiu diferente e/ou incomum.

70. Às vezes, tem a crível impressão que sabe exatamente o que as outras pessoas pensam e/ou sentem.

71. Normalmente é prestativo e generoso.

72. Cuida para que todos se sintam à vontade quando estão ao seu lado.

73. Às vezes, desfila tão aéreo pelas ruas que tem a estranha impressão de ser a única pessoa existente no mundo.

74. Quando vai ler algo, normalmente, passa apenas o olho, e tira a conclusão superficial como se tivesse compreendido tudo.

75. Por maior que domine um assunto com ampla propriedade, sempre acredita que outros devem saber mais.

O Diagnóstico em Psicopatologia

"O psiquiatra descritivo está primariamente interessado em como um paciente é semelhante, ao invés do quanto é diferente de outros pacientes com aspetos congruentes." (GABBARD, 1998).

De acordo com Dalgalarrondo (2000), o estudo da doença mental inicia-se pela observação cuidadosa de suas manifestações. A observação articula-se dialeticamente com a ordenação dos fenômenos; isto supõe que para observarmos, precisamos produzir definições, classificações, interpretar e ordenar o observando em uma determinada perspectiva, segundo uma certa lógica.

Podemos identificar duas posições extremas de diagnóstico: uma que afirma que o diagnóstico não tem nenhum valor, pois cada pessoa é uma realidade única e inclassificável. Nesse caso, o diagnóstico teria a função apenas de rotular as pessoas diferentes, excêntricas, permitindo o poder médico e o controle social sobre o indivíduo desadaptado ou questional (diagnóstico puro). A outra posição diz que o diagnóstico é imprescindível na avaliação das patologias mentais, pois observar os aspectos singulares e subjetivos do indivíduo é muito importante, mas sem um diagnóstico psicopatológico aprofundado não se pode compreender adequadamente o paciente e seu sofrimento, nem escolher o tipo de estratégia terapêutica mais adequada.

Na natureza humana podem-se distinguir três grupos de fenômenos em relação à sua possibilidade de classificação:

1) Aspectos e fenômenos que encontramos em todos os seres humanos: este grupo de fenômenos faz parte de uma ampla categoria que é demais para a classificação, sendo pouco útil para a mesma. Fenômenos como a privação das horas de sono causa sonolência; a restrição alimentar causa fome; ou seja, são fenômenos notórios, comuns a todos, que não despertam grande interesse à Psicopatologia e são triviais.

2) Aspectos e fenômenos que encontramos em algumas pessoas, mas não em todas: estes são os fenômenos de maior interesse para a classificação diagnóstica em Psicopatologia, onde se situam a maior parte dos sinais, sintomas e transtornos mentais.

3) Aspectos e fenômenos que encontramos em apenas um ser humano em particular: tais fenômenos, embora de interesse para a compreensão do ser humano, são restritos demais e de difícil classificação e agrupamento, tendo maior interesse os seus aspectos antropológicos, existenciais e estéticos do que propriamente taxionômicos (classificatórios).

Em confluência com os diversificados conceitos, através do paradoxo proposto por Lantéri-Laura (1998) ao considerar a Psicopatologia como um fenômeno subjetivo que tramita entre a psicologia do patológico e a patologia do psicológico – verifica-se também, a relevância da Semiologia e das suas técnicas observacionais. Nesse aspecto, Dalgalarrondo (2000) elucida a diferença entre Semiologia e Semiotécnica:

a) **Semiologia** é a ciência dos signos, estando presente em todas as atividades humanas que incluam a interação e a comunicação entre dois interlocutores pelo uso de um sistema de signos (falas, gestos, atitudes, comportamentos não verbais etc.). Dedica-se ao estudo dos sintomas e sinais das doenças, permitindo ao profissional da saúde identificar alterações físicas e mentais, ordenar os fenômenos observados, formular diagnósticos e estabelecer métodos de tratamento.

b) A Semiotécnica, por sua vez, refere-se a técnicas e procedimentos específicos da observação, coleta e descrição de sinais e sintomas. Sendo assim, é de essencial importância para a prática da Semiotécnica em Psicopatologia, a observação minuciosa, atenta e perspicaz do comportamento do paciente, do conteúdo de seu discurso e da sua maneira de falar, da sua mímica, da postura, do vestuário, da forma como reage e do seu estilo de relacionamento com o entrevistador, com outros pacientes e com seus familiares.

> Por semiologia médica entende-se o estudo dos sintomas e sinais da doença, que permite ao profissional de saúde, identificar alterações físicas e mentais, ordenar os fenômenos observados, formular diagnósticos e empreender terapêuticas. De um modo geral, a semiologia, ou semiótica, é a ciência dos signos. O signo é um tipo de sinal, como por exemplo, na semiologia médica, a febre pode ser um sinal/signo de uma infecção ou inflamação. Portanto, os signos de maior interesse para a Psicopatologia são os sinais comportamentais objetivos, as vivências subjetivas relatadas pelo paciente e suas queixas. (DALGALARRONDO, 2000).

Entretanto, de uma maneira geral, há, nos autores pesquisados, orientações básicas que o médico deve seguir a fim de obter as informações necessárias para diagnosticar e indicar o tratamento mais adequado. Dentre essas orientações, Swales (1990 apud PEREIRA, 2010) destacam:

1) **Exame Psíquico**: a partir do qual o médico analisa as funções psíquicas do paciente, o estado mental atual, tais como apresentação do paciente, incluindo higiene, atitude frente à entrevista (cooperativo, desconfiado), características da fala e do pensamento, dentre outros;

2) **Súmula Psicopatológica**: onde o médico cataloga todas as funções psíquicas e suas alterações. No entanto, antes de iniciar o exame psicopatológico, há as 'fases iniciais' de interação entre médico e paciente, que inclui, dentre outras informações, a queixa principal, a história da doença atual e a história familiar.

No roteiro das entrevistas psiquiátricas, por exemplo, são encontrados alguns tópicos bastante comuns. São assuntos que fornecem informações relevantes para que o médico conheça o paciente, já que a entrevista está destinada a dar clareza a certos padrões característicos da vida do paciente, e a proposta é ajudá-lo em seu sofrimento mental. É a partir de uma observação cuidadosa que o médico faz do paciente durante a entrevista que ele poderá confirmar ou refutar a hipótese diagnóstica. Dentre esses tópicos, estão previstos:

a) Escolaridade Inicial;

b) Preferência Sexual;

c) Uso De Álcool E Narcóticos;

d) Atitude Em Relação À Solidão;

e) Atitude Em Relação Ao Corpo;

f) Sono E Funções Do Sono;

g) Interesses De Lazer.

Em virtude do importante papel que a entrevista ocupa na atividade da clínica, uma reflexão sobre os roteiros é fundamental, uma vez que é a partir dessas diferentes orientações que os médicos se comportarão discursivamente durante a entrevista. É necessário, portanto, que eles conheçam esses roteiros, e saibam avaliá-los para que essas orientações possam contribuir com esses profissionais em sua prática clínica, com vistas à compreensão do outro, atendendo aquele que busca um alívio para o sofrimento mental. E uma possibilidade de análise desse comportamento discursivo-interacional no 'aqui-agora' do evento comunicativo pode ser feita a partir dos enquadres que o médico estabelece durante o encontro com o paciente. Sobre isso, Nunes Filho et al. (2000 apud PEREIRA, 2010) esclarece que normalmente estão presentes, dentre outros, os seguintes itens:

a) Exame Médico-Psiquiátrico, que inclui Apresentação do Examinador, Identificação do Paciente, Queixa Principal, Motivo da Consulta ou da Internação, História da Doença Atual, História Pessoal e História Familiar;

b) Exame Psicopatológico (atitude geral, pensamento, consciência, atenção, concentração são alguns 'tópicos');

c) Exame Somático;

d) Exames Complementares: testes psicológicos e exames laboratoriais;

e) Diagnóstico Sindrômico;

f) Hipótese (s) Diagnóstica (s).

A avaliação do paciente em psicopatologia é feita principalmente por meio da entrevista. Ela não pode ser vista como algo banal, um simples perguntar ao paciente sobre alguns itens de sua vida. A entrevista, juntamente, com a observação cuidadosa do paciente, é, de fato, o principal instrumento de conhecimento da psicopatologia. Por intermédio de uma entrevista bem realizada com arte e técnica o profissional poderá obter informações valiosas para o diagnóstico clínico, para o conhecimento da dinâmica afetiva do paciente e – o que pragmaticamente é mais importante – para uma melhor intervenção e planejamento terapêuticos. (DALGALARRONDO, 2000).

A área desenvolvida pela psicologia clínica, denominada Psicodiagnóstico representa um importante meio de auxílio no diagnóstico psicopatológico, e em sua maioria, são viabilizados através da aplicação de testes projetivos, psicométricos e da personalidade, ou também por testes rastreadores de possíveis alterações orgânicas, assim como testes neuropsicológicos mais específicos destinados a detectar alterações cognitivas. Exames complementares: os exames complementares laboratoriais, neurofisiológicos e de neuroimagem são também auxílio fundamental ao diagnóstico psicopatológico. O domínio da técnica de realizar entrevistas é o que qualifica o profissional habilidoso, sendo um atributo fundamental e insubstituível do profissional de saúde.

A habilidade do entrevistador, de início, revela-se pelas perguntas que formula, por aquelas que evita formular e pela decisão de quando e como falar ou apenas se calar e ouvir. O profissional que conduz a entrevista deve também estabelecer uma relação empática e ao mesmo tempo útil do ponto de vista humano, além de saber acolher e ouvir o sofrimento do indivíduo, escutando o doente em suas dificuldades e idiossincrasias (maneira própria de ver, sentir e reagir de cada um). Além de paciência, respeito e empatia, o profissional necessita de certa têmpera (moderação, equilíbrio) e habilidade para estabelecer limites aos pacientes invasivos ou agressivos, e assim proteger-se e proteger o conteúdo da entrevista. (DALGALARRONDO, 2000).

> Através da entrevista psicopatológica, chegamos a dois principais aspectos da avaliação: Anamnese, ou seja, o histórico dos sintomas e sinais/signos que o paciente tem apresentado ao longo de sua vida, seus antecedentes pessoais e familiares, assim como de sua família e meio social. Exame Psíquico, ou Exame de estado mental. Ambos são aspectos mais relevantes sobre a técnica de entrevista em psicopatologia, porém não podemos desconsiderar uma avaliação física, pois o exame físico do paciente com transtornos mentais, quando realizado de forma adequada, pode ser um excelente instrumento de aproximação afetiva, principalmente, em pacientes muitos regredidos. Além disso, o exame físico do paciente com um transtorno psiquiátrico, não difere daquele dos pacientes sem transtornos mentais; só que muitas vezes, uma avaliação física é feita por médicos clínicos gerais, que por sua vez, não ouvem o paciente psiquiátrico como devem ser ouvidos, em consequência do estigma de "louco" que invalida suas queixas somáticas. Podemos também, além do exame físico, encaminhar o paciente para uma Avaliação Neurológica, onde poderá ajudar no psicodiagnóstico. (DALGALARRONDO, 2000).

A entrevista inicial é considerada um momento crucial no diagnóstico e tratamento em saúde mental. Esse primeiro contato, quando bem conduzido, deve produzir no paciente uma sensação de confiança e esperança no alívio do seu sofrimento. Do contrário, quando as entrevistas iniciais são desencontradas e desastrosas, na qual o profissional é, involuntariamente ou não, negligente ou hostil, são seguidas na maioria das vezes, no abortamento do tratamento.

No momento inicial, o olhar, e com ele, toda a sua comunicação não verbal, já tem seu valor substancial, pois é nele que se inclui toda a carga emocional de ser visto, do gesto, da postura, das vestimentas, do modo de sorrir ou de expressar os seus sentimentos. Esse primeiro contato e a primeira impressão que o paciente produz no entrevistador é na verdade, o produto de uma mescla de muitos fatores, como a experiência clínica, transferência e contratransferência e valores pessoais e preconceitos inevitáveis que o profissional, querendo ou não, carrega consigo. Logo no início da entrevista, é conveniente que o profissional se apresente, dizendo seu nome, profissão, especialidade e, se for o caso, o motivo ou razão da entrevista. A confidencialidade, a privacidade e o sigilo podem ser explicitamente garantidos, caso se note o paciente tímido ou desconfiado. Portanto é de fundamental importância deixar claro para o paciente o sigilo e descrição da entrevista e que os mesmos serão rompidos no caso de ideias, planos ou atos seriamente auto ou heterodestrutivos. (Ibidem).

Às vezes uma entrevista bem conduzida é aquela onde o profissional fala pouco e ouve muito o paciente, outras vezes, a situação exige que o entrevistador seja mais ativo, falando mais e fazendo mais perguntas. Isso varia muito e função:

a) **Do paciente**; sua personalidade, seu estado mental e emocional. Às vezes o entrevistador precisa ouvir muito, pois o paciente preciso muito falar, desabafar. Outras vezes, o entrevistador deve falar mais, para que o paciente não se sinta muito tímido ou retraído;

b) **Do contexto institucional da entrevista**, ou seja, onde será realizadas esta entrevista, em um pronto socorro, enfermaria, ambulatório, etc.

c) **Dos objetivos da entrevista**, se a mesma está sendo realizada para um diagnóstico clínico, estabelecimento de vínculos terapêuticos, questões forenses, etc.;

d) **Da personalidade do entrevistador**, ou seja, alguns profissionais são ótimos entrevistadores falando pouco durante a entrevista, sendo discretos e introvertidos; outros, porém só conseguem trabalhar bem e realizar boas entrevistas, sendo espontâneos, falantes e extrovertidos.

Dalgalarrondo (2000) ressaltando também alguns pontos negativos que devem ser evitados pelo profissional durante a realização das entrevistas:

a) Posturas rígidas e estereotipadas, que são fórmulas que o profissional deduz que funcionariam bem com alguns pacientes e, portanto devem funcionar com todos. Portanto, o profissional deve buscar uma atitude flexível que se adapte à personalidade e aos sintomas do indivíduo, assim como sua cultura, ideologia e valores pessoais;

b) Atitude excessivamente neutra ou fria, que transmita ao paciente muitas vezes uma situação de distância e desprezo;

c) Reações exageradamente emotivas ou artificialmente calorosas, que produzem uma falsa intimidade. O que se deve fazer é criar uma relação de respeito e consideração pelo paciente, mas de uma maneira genuína, sem extrema frieza ou cautela exagerada;

d) Comentários valorativos ou julgamentos sobre o que o paciente relata, sente, vivencia ou apresenta;

e) Reações emocionais intensas de pena ou compaixão, pois um paciente desesperadamente transtornado beneficia-se muito mais de um profissional que acolha tal sofrimento de forma empática do que um profissional que se desespere com ele;

f) Responder com hostilidade ou agressão às investidas hostis ou agressividades do paciente. O profissional deve deixar claro que o paciente está sendo inadequadamente hostil e que, embora em tom sereno e brando, deve deixar evidente que não aceitará agressões físicas ou verbais exagerada, pois tais comportamentos e discussões costumam ser inúteis ou negativas no contato com o paciente;

g) Entrevistas excessivamente prolixas (muito longo ou difuso; enfadonho), mas no fundo não diz nada de substancial sobre o seu sofrimento. Quando isso ocorrer, o profissional deve ter habilidade de conduzir a entrevista para pontos e termos mais significantes,

h) Fazer muitas anotações durante a entrevista, pois esse comportamento adotado pelo entrevistador pode transmitir ao paciente que as anotações são mais importantes do que a própria entrevista, por isso é fundamentalmente importante observar se o ato de fazer anotações incomoda o paciente.

O importante é, sobretudo, salientar que apesar do profissional ter apenas entre cinco a dez minutos para atender um paciente nessas instituições, ele deve examinar o mesmo com paciência e respeito, criando uma atmosfera de confiança e empatia, mesmo com as restrições de tempo, pois muitas vezes não é a quantidade de tempo ou de entrevistas que o profissional tem com o paciente, mas a qualidade da atenção que o profissional consegue oferecer ao paciente é que pode gerar uma melhor qualidade no atendimento. (DALGALARRONDO, 2000)

O profissional com alguma experiência em Psicopatologia, no entanto, pode detectar que os dados de uma entrevista podem estar sendo sub ou superestimados. Pois às vezes o paciente nega estar tendo os sintomas, para se passar por uma pessoa "normal", sem nenhum transtorno. Isso se denomina dissimulação, que é o ato de esconder ou negar voluntariamente a presença de sinais e sintomas psicopatológicos. Tal negativa ocorre por medo de uma possível internação, de tomar medicamentos psiquiátricos ou de simplesmente ser cotado como "louco" ou "doente mental". Porém, por outro lado, temos o processo de simulação, que ao contrário da dissimulação, é a tentativa de criar, apresentar voluntariamente um sintoma, sinal ou vivência que realmente não tenha, ou seja, diz ouvir vozes, sentir dores psicossomáticas, de estar desequilibrado emocionalmente sempre com o intuito de obter algo como: aposentadoria, dispensa do trabalho, não ir para a cadeia, ou muitos outros fatores que podem ser evitados com um diagnóstico de doença mental. (Ibidem).

Um dos métodos mais frequentes de classificação de doença mental é pela categorização de experiências descritas por pessoas mentalmente doentes e da definição dos termos utilizados, tais como "depressão" ou "ansiedade". Para o progresso no prognóstico e no tratamento, tal classificação é essencial. Ao tentar entender as experiências subjetivas de uma pessoa que sofre, o terapeuta demonstra um envolvimento e o paciente provavelmente terá maior confiança no tratamento. Os sintomas agregam-se em determinados padrões e podemos, portanto, falar de diferentes doenças mentais ou psiquiátricas. Os métodos precisos de diagnóstico ou a definição da natureza do problema continuam sendo importantes. Para que a nosologia psiquiátrica possa ser melhorada, é necessária uma observação acurada dos fenômenos com os quais nos confrontamos. (SIMS, 2001).

Mas, afinal, o que uma pessoa obviamente afetada por uma doença mental está realmente sentindo? De que forma suas próprias experiências assemelham-se ou diferem da experiência dos outros tanto daqueles que estão bem quanto dos que estão doentes? Como podemos usar a palavra observador com relação à experiência interna de uma outra pessoa? É exatamente aqui que o processo de empatia. Mediante essas questões, Sims (2001) pontua que ouvir e observar são cruciais para o entendimento. Deve-se tomar muito cuidado ao se fazerem perguntas. Os médicos muitas vezes identificam sintomas incorretamente e fazem o diagnóstico errado, pois fizeram perguntas capciosas com as quais o paciente, por meio de sua submissão ao status do médico e ansiedade para cooperar, está completamente disposto a concordar. O método de empatia significa usar a habilidade de sentir-se na situação de outra pessoa, avançando através de séries organizadas de perguntas; repetindo e reiterando onde for necessário até que se tenha certeza do que está sendo descrito pelo paciente.

Sendo assim é importante tentar alcançar o significado subjetivo do paciente e não somente ficar satisfeito porque a resposta é anormal. O significado fenomenológico é, algumas vezes, revelado no tipo de resposta; por exemplo, quando se pediu a um paciente esquizofrênico que explicasse a diferença entre uma parede e uma cerca, ele respondeu: "Você pode ver através de uma cerca, mas as paredes têm ouvidos". Da mesma maneira que os eventos externos têm causas que podem ser explicadas, os eventos psicológicos internos podem originar-se uns dos outros em um encadeamento significativo, se o estado interno do paciente puder ser entendido empaticamente. (RAWNSLEY 1985 apud PEREIRA, 2010).

Partindo da premissa de que o comportamento significa algo, isto é, que surge com consistência interna, a partir de eventos psíquicos. Embora o comportamento de um paciente possa ser significativo para ele, pode não ser possível para nós, os observadores externos, entendê-lo. Existem muitos níveis nos quais podemos entender. Por exemplo, podemos ter algum entendimento das dificuldades sexuais de um exibicionista reincidente ao saber sobre sua infância perturbada; mas isto ainda não se explica por que ele regularmente repete o comportamento que o faz entrar em conflito com a lei, prejudicando-o socialmente e à sua família. Wittgenstein (1953 apud SIMS, 2001) afirmou: "Nós explicamos comportamentos humanos dando razões, não causas". Nesse sentido, Jaspers contrastou compressão (verstehen) com explicação (erklären) e mostrou como estes termos podem ser usados no sentido tanto estático quanto genético. Estático significa compreender ou explicar a presente situação a partir das informações disponíveis; genético, como atingiu este estado pelo exame de seus antecedentes. Conforme ilustrado na **Tabela 1**.

	Compreensão	Explicação
Estático	(1) Descrição Fenomenológica	(3) Observação através da percepção sensorial externa
Genético	(2) Empatia estabelecida a	(4) Causa e efeito do

| partir do que emerge | método científico |

Tabela 1. Diagrama de entendimento e explicação.

De acordo com Giorgi (2006 apud FEIJOO, 2016) compreensão é a percepção do significado pessoal da experiência subjetiva do paciente:

1) Se quisermos encontrar significado em um determinado momento no tempo, o método da fenomenologia é apropriado. A experiência subjetiva do paciente é dissecada formando-se um quadro estático do que tal pensamento ou tal evento significaram para ele naquele determinado momento. Não é feito qualquer comentário de como o evento surgiu e nem alguma previsão ao que acontecerá depois. O significado é simplesmente extraído como uma descrição do que o paciente está experimentando e o que isto significa para ele agora. Um homem sente-se zangado: a compreensão estática usa a empatia para descrever em detalhes exatamente como é para ele sentir-se zangado. Eu, o examinador, já experimentei fenômenos como estes? Eles são conhecidos por mim pelas experiências que tive em minha vida?

2) A compreensão genética, em oposição à compreensão estática, preocupa-se com um processo. Entende-se que, quando insultado, este homem reage com violência; quando esta mulher ouve vozes comentando sobre suas ações, ela fecha as cortinas de sua casa. Para compreender a maneira como os acontecimentos psíquicos originam-se um dos outros na experiência do paciente, o terapeuta usa a empatia como um método ou ferramenta. Ele coloca-se na situação do paciente. Se este primeiro acontecimento tivesse ocorrido com ele nas circunstâncias totais do paciente, o segundo evento, que foi a reação do paciente ao primeiro, ocorreu dentro do esperado, com alguma margem de certeza. Ele compreende os sentimentos atribuídos ao paciente a partir da ação que deles resulta. Então, se eu fosse o paciente com a mesma história, será que teria as mesmas experiências e o mesmo comportamento? Um exemplo ajudaria a demonstrar a humanidade desta abordagem e a universalidade da experiência humana: eu devo me colocar no lugar de uma jovem mulher de 19 anos, criada em uma comunidade pesqueira isolada, a mais velha de oito filhos, que se torna estuporosa durante sua segunda gravidez. Ela é casada com um homem alcoólatra de 35 anos, e seu pai também é alcoolista. Devo compreender como ela lidou com o comportamento de seu pai quando criança; o que sua gravidez significou para ela; como ela viu o comportamento de sua mãe durante suas gestações, etc. A *explicação* trata do registro de eventos de um ponto de observação fora destes; a compreensão, de dentro deles. Compreende-se a raiva de uma pessoa e suas consequências; explica-se a ocorrência da neve no inverno. Explicações também podem ser descritas como estáticas ou genéticas.

3) A explicação estática refere-se à percepção sensorial externa, à observação de um acontecimento.

4) A explicação genética consiste na descoberta de conexões causais: ela descreve uma cadeia de eventos e por que eles seguem esta sequência. Compreender e explicar são partes necessárias da investigação psiquiátrica.

Em seu livro, *Psicopatologia e Semiologia dos transtornos mentais*, Dalgalarrondo apresenta dois quadros: Avaliação inicial e perguntas introdutórias e História psiquiátrica. No primeiro, há orientações gerais sobre qual deve ser a conduta do médico durante a entrevista:

a) Providenciar um local com um mínimo de privacidade e conforto para a entrevista;

b) Apresentar-se ao paciente e depois explicar brevemente o objetivo da entrevista;

c) Estabelecer um contato empático com o paciente, iniciar com as perguntas gerais sobre quem é o paciente: Como o (a) senhor (a) se chama? Quantos anos têm? "Qual seu estado civil"? (Dados Sóciodemográficos básicos), dentre outras recomendações.

No segundo quadro – História Psiquiátrica – há 14 subtópicos que compõem a entrevista propriamente dita. Alguns deles são Identificação, Queixa principal e história da moléstia atual, Hábitos, Relacionamento e dinâmica familiar, Resultados das avaliações complementares, Hipóteses diagnósticas e Planejamento terapêutico e ações terapêuticas implementadas, dentre outros. Para todos os subtópicos, no entanto, existem lacunas que devem ser preenchidas pelo médico com as informações fornecidas pelo paciente. Por exemplo, em relação à Queixa Principal e História da Moléstia Atual, as orientações são as seguintes:

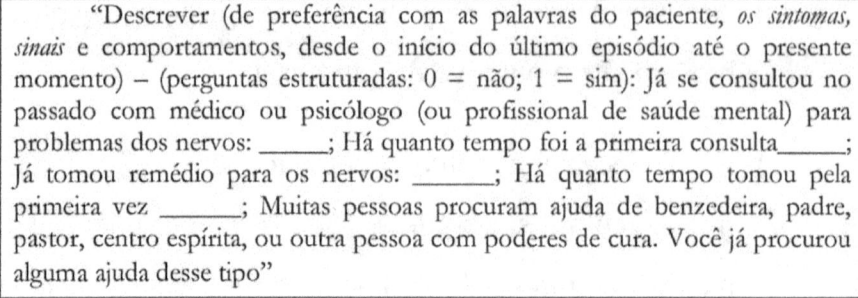

"Descrever (de preferência com as palavras do paciente, *os sintomas, sinais* e comportamentos, desde o início do último episódio até o presente momento) – (perguntas estruturadas: 0 = não; 1 = sim): Já se consultou no passado com médico ou psicólogo (ou profissional de saúde mental) para problemas dos nervos: _____; Há quanto tempo foi a primeira consulta_____; Já tomou remédio para os nervos: _____; Há quanto tempo tomou pela primeira vez _____; Muitas pessoas procuram ajuda de benzedeira, padre, pastor, centro espírita, ou outra pessoa com poderes de cura. Você já procurou alguma ajuda desse tipo"

Quadro 8. Instruções para identificar a atual e principal queixa (DALGALARRONDO, 2000).

Além dessas, outras informações devem ser obtidas a fim de transmitir ao médico um maior número de informações sobre a história da doença. O roteiro apresentado por Dalgalarrondo é guiado, orientado, seguindo o 'modelo inquérito' de obtenção de respostas — o foco é o conteúdo das perguntas, cujas respostas informarão o médico a respeito da patologia do paciente já que o objetivo é conhecer a doença. Segundo esse autor, para que o paciente expresse sinais e sintomas, o médico deve estar atento ao que ele narra, observando o 'estilo' do paciente, sua aparência e suas atitudes básicas. Ou seja, as atitudes e o comportamento do paciente vão estar a serviço desse objetivo: conhecer e tratar a doença.

No roteiro da entrevista psiquiátrica apresentado por Dalgalarrondo estão incluídos também, além da Anamnese, o Exame Psíquico e a Súmula Psicopatológica. Adotando, assim, uma postura mais instrucional que tende a conduzir o comportamento do médico, universalizando e generalizando os casos, após apresentar alguns quadros, faz diversas recomendações, ressaltando também determinadas atitudes que devem ser tomadas pelo entrevistador durante a entrevista para que não prejudique o curso da interação. Duas delas representam claramente o modelo de medicina centrada no médico como especialista, cuja conduta deve ser o reflexo do seu saber médico institucional:

a) Deve-se evitar terminologia por demais tecnicista que revela, geralmente, insegurança do profissional, que busca compensar, na linguagem rebuscada, os vácuos de sua ignorância sobre o caso, ou que quer demonstrar de modo exibicionista a sua erudição e saber médico;

b) Deve-se lembrar de que, apesar do fato de uma história psicopatológica, normalmente, serem descritos fenômenos irracionais, muitas vezes desorganizados e caóticos, o relato deve ser organizado e coerente, facilitando o estabelecimento de hipóteses diagnósticas e de planejamento terapêutico adequado. O paciente tem o direito de ser confuso, contraditório, ilógico. O profissional, ao relatar o caso, não tem esse direito.

Nas recomendações de Dalgalarrondo, podem ser conhecidos os 'papéis' que o médico e a doença do paciente ocupam no roteiro, demonstrando que conduta o profissional deve ter no sentido de atender às exigências desse modelo normativo: "o domínio da técnica de realizar entrevistas é o que qualifica especificamente o profissional habilidoso". Discussões a respeito do papel do paciente enquanto sujeito de seu sofrimento mental não são expressas.

Vale salientar que essas orientações propostas por Dalgalarrondo, que são práticas discursivas, não apontam para a importância e consequente inserção do paciente na interação, o que deflagra um aspecto instrucional mais marcado, além do consequente controle do médico sobre a entrevista. Em verdade, os quadros apresentados por ele propiciam a facilitação prática de profissionais menos experientes, uma vez que o 'modelo' já estaria organizado. Em princípio, esses quadros podem parecer ajudar o médico a realizar a entrevista, no entanto, tendem a uniformizar as entrevistas, sem levar em consideração os diferentes pacientes com suas diferentes histórias de vida.

Considerações Finais

A Organização Mundial de Saúde (OMS) define Saúde Mental como um estado de bem-estar no qual o indivíduo é capaz de exercer suas aptidões, manejar os eventos estressantes normais da vida, trabalhar produtivamente e contribuir para sua comunidade. Um Transtorno Mental, portanto, pode ser entendido como uma condição médica que altera este estado provocando prejuízo no desempenho global do indivíduo. De acordo com a Associação Brasileira de Psiquiatria (ABP) estima-se que mais de 40 milhões de pessoas no Brasil sofram de algum tipo de transtorno mental. Dessa maneira, aqueles que sofrem de Transtornos Depressivos, Transtorno Obsessivo-Compulsivo (TOC), Transtorno do Déficit de Atenção com Hiperatividade (**TDAH**) entre outras tantas doenças mentais, começam a se sentir cada vez mais excluídos, diante desses tipos de manifestações preconceituosas difundidas pela mídia.

Sobre a existência e a veracidade do **TDAH**, vale ressaltar que — além de ser reconhecido oficialmente pela Organização Mundial da Saúde (OMS) — o **TDAH** é validado também por um Consenso Internacional: produção científica publicada após extensos debates entre pesquisadores de diferentes culturas, instituição, e que não compartilham necessariamente as mesmas ideias sobre todos os aspectos de um transtorno. Segundo a *American Psychiatric Association* (1994) o **TDAH** é um dos transtornos mais bem estudados na medicina, e os dados gerais sobre sua validade são muito mais convincentes que a maioria dos transtornos mentais, e até mesmo que muitas condições médicas.

Atualmente, o **TDAH** é o motivo mais frequente entre as crianças e os adolescentes encaminhados para atendimentos em serviços especializados. Estima-se que ele afeta 2,5% dos adultos, cerca de 3 a 7% das crianças em idade escolar (dos 6 aos 12 anos) de todo mundo, e em mais de 68% dos casos o transtorno permanece por toda vida. De acordo com o Manual Diagnóstico e Estatístico de Transtornos Mentais em sua 5ª edição (**DSM-V**), o **TDAH** é mais comum no sexo masculino do que no feminino, na proporção de 2:1 em crianças, e de 1,6:1 em adultos. As características ligadas a desatenção apresentam maior incidência em pessoas do sexo feminino, enquanto os sintomas referentes a hiperatividade e impulsividade são mais observados no sexo masculino. O transtorno costuma ainda apresentar elevadas taxas de comorbidades: em crianças com **TDAH**, mais de 50% dos casos surge com a presença de — pelo menos — algum outro transtorno comórbido, e aproximadamente 10% delas, desenvolvem três ou mais comorbidades. Pesquisas indicam que entre as crianças, as mais frequentes são:

- Transtorno Desafiador de Oposição — 40 %
- Transtornos de Ansiedade — 34%
- Transtorno de Conduta — 14%
- Transtornos de Aprendizagem (Leitura, Cálculo e/ou Escrita) — 10 a 25%
- Transtorno de Tiques — 11%
- Transtornos do Humor — 4%

Já entre os adultos com **TDAH**, as comorbidades afetam aproximadamente 70% dos pacientes — sendo que destes, 97% possuem até quatro transtornos comórbidos. Estudos indicam que para cada cinco adultos em tratamento de algum outro distúrbio, pelo menos um deles possui o **TDAH**. Entre as comorbidades mais comuns observadas em adultos estão:

- Depressão — 20 a 30%
- Transtorno de ansiedade –20 a 30%
- Uso de substâncias — 25 a 50%
- Tabagismo — 40%
- Transtorno de personalidade antissocial — 25%
- Transtorno de sono — 75%

Além de desencadear sérios prejuízos de produtividade e motivação nas atividades acadêmicas, vocacionais, bem como uma habilidade reduzida para expressar ideias e emoções, instabilidade nos diferentes tipos de relacionamentos, prejuízo da memória de execução, retraimento social, efeitos negativos da própria imagem, etc. Transtorno do Déficit de Atenção com Hiperatividade (**TDAH**) costuma causar uma série de impactos ao decurso da vida de uma pessoa:

1) Adultos com **TDAH**, independente do grau de instrução, ganham salários significativamente inferiores aos de adultos sem o transtorno. O estudo mostrou que a diferença é em torno de 10 mil dólares anuais para os indivíduos com formação superior e de 4 mil para aqueles com apenas o segundo grau;

2) 25% dos adultos com **TDAH** não terminam o 2º grau contra 1% dos adultos sem **TDAH**;

3) Apenas 15% dos adultos com **TDAH** cursam a universidade contra mais de 50% dos adultos sem **TDAH**;

4) Adultos com **TDAH** menos frequentemente concluem uma Universidade;

5) Adultos com **TDAH** menos frequentemente conseguem empregos de período integral do que adultos sem transtorno. Item responsável por 17% dos 77 bilhões de dólares de

perdas projetados no estudo. Gerando impacto econômico sobre a sociedade;

6) Cerca de 25% dos estudantes com **TDAH** apresentam problemas de aprendizado em algum destes setores: expressão oral, compreensão, interpretação de textos e matemática;

7) 30% das crianças e adolescentes com **TDAH** repetem ao menos um ano escolar, repetições múltiplas ocorrem em 21%;

8) 35% dos adolescentes com **TDAH** abandonam os estudos, 45% são expulsos das escolas e 21% cabulam aulas repetidamente;

9) Estima-se que o desenvolvimento emocional das crianças com **TDAH** é cerca de 30% mais lento do que o de crianças sem o transtorno. Por exemplo, uma criança de 10 anos com **TDAH** opera num grau de maturidade de 7 anos. Um jovem motorista de 16 anos com **TDAH** tem um perfil de decisões de uma criança de 11 anos;

10) 65% das crianças com **TDAH** apresentam comportamentos de desafio da autoridade como hostilidade verbal e birras;

11) Crianças com **TDAH** mais frequentemente são vítimas de traumatismos cranianos ou poli traumatismo, intoxicações acidentais e internação em UTI em decorrência destas intercorrências médicas;

12) Crianças com **TDAH** apresentam um risco 3 vezes maior de acidentes domésticos, 2 vezes maior de traumas, suturas e hospitalizações e 20% delas são responsáveis por incêndios sérios em suas comunidades;

13) Maior risco de gravidez antes dos 18 anos de idade e doenças sexualmente transmissíveis em jovens com **TDAH**;

14) Jovens com **TDAH** apresentam um risco 4 vezes maior de causar acidentes, 7 vezes maior de acidentes múltiplos e com vítimas, e 4 vezes maior a incidência de multas (por excesso de velocidade e por não respeitar sinais de trânsito);

15) Jovens com **TDAH** apresentam maior risco de uso, abuso e dependência de substâncias. Numa pesquisa o uso de tabaco foi informado por 50% dos jovens com **TDAH** contra 27% dos jovens sem o transtorno, uso de álcool 40% contra 28% e de maconha 17% contra 5%;

16) Separação ou divórcio ocorre 3 vezes mais entre os pais de crianças com **TDAH** do que pais de crianças sem o transtorno;

17) 49% das crianças com **TDAH** apresentam dificuldades de se relacionar com outras crianças contra 18% dos controles (crianças sem **TDAH**);

18) 72% das crianças com **TDAH** têm conflitos com os irmãos e outros familiares contra 53% dos controles;

19) 48% das crianças com **TDAH** apresentam facilidade de adaptação a novas situações contra 84% dos controles;

20) 18% das crianças com **TDAH** referem ter bons amigos contra 36% dos controles;

21) 52% das crianças com **TDAH** necessitam da ajuda dos pais nas tarefas escolares contra 28% dos controles;

22) 26% das crianças com **TDAH** necessitam da ajuda dos pais para se aprontarem para ir à escola contra 16% dos controles;

23) Estudos comparativos mostram que adultos com **TDAH** apresentam em maior frequência: drogadição (ou toxicodependência), tentativa de suicídio, divórcio, desemprego, insatisfação profissional e desajuste social.

Sobre o Autor

Marcus Deminco (Salvador-BA. 28/Set/76). Escritor e Psicólogo brasileiro. Doutor Honoris Causa em Transtorno do Déficit de Atenção com Hiperatividade **(TDAH)** *Practitioner* e Tutor de Programação Neurolinguística (PNL); autor de artigos científicos no Portal dos  Psicólogos (O maior Site sobre Psicologia em Portugal). Além de ser dono de diversas frases — textos e pensamentos compartilhados em sites e redes sociais, entre seus escritos — o propalado texto Por que ler Paulo Coelho? — bastante elogiado pelo próprio escritor Paulo Coelho entre os seus leitores. Marcus Deminco é também autor dos Livros:

1. EU & MEU AMIGO DDA – Autobiografia de um Portador do Distúrbio do Déficit de Atenção.
2. RITALINA x **TDAH** — Mitos e Verdades

3. **TDAH** — Transtorno do Déficit de Atenção / Hiperatividade. Verdade ou Invenção?

4. O Segredo de Clarice Lispector. (Portuguese Edition)

5. The Secret of Clarice Lispector (English Edition)

6. El Secreto de Clarice Lispector (Spanish Edition)

7. VERTYGO – O Suicídio de Lukas (Portuguese Edition)

8. VERTYGO – The Suicide of Lukas. (English Edition)

9. Helen Palmer – Uma Sombra de Clarice Lispector (Portuguese Edition)

10. Helen Palmer — A Shadow of Clarice Lispector (English Edition)

11. Transtorno Bipolar — Aspectos Gerais (Portuguese Edition)

12. Bipolar Disorder — General Aspects (English Edition)

13. Programação Neurolinguística – Começando pelo começo (Portuguese Edition)

14. Neuro-Linguistic Programming — Beginning by the Beginning (English Edition)

15. Mensagens para Postar, Curtir & Compartilhar. Vol. 1

16. Mensagens para Postar, Curtir & Compartilhar. Vol. 2

17. Mensagens para Postar, Curtir & Compartilhar. Vol. 3

18. Coleção de textos em E-Cards. Vol. 1

19. Coleção de Textos em E-Cards. Vol. 2

20. Compilação de Textos & Contos Reflexivos (Portuguese Edition)

Prêmios & Homenagens

a) Autor do texto Estafeta Sem Rumo do Prêmio Cecílio Barros Pessoa de Antologia – Academia Cabista de Letras, Artes e Ciências de Arraial do Cabo – RJ.

b) Doutor Honoris Causa em **TDAH** pela *Brazilian Association of Psychosomatic Medicine* em reconhecimento a contribuição científica e relevância social do livro: Eu & Meu Amigo DDA - Autobiografia de um Portador do Distúrbio do Déficit de Atenção.

c) Um dos vencedores do Prêmio: Além da Terra, Além do Céu de poesia contemporânea – Editora Chiado (Portugal).

d) Um dos Selecionados no Concurso Nacional de Novos Poetas — Sarau Brasil 2018 com o Texto "A Atormentação Criadora" — realizado pela Vivara Editora Nacional.

Fale com Marcus Deminco

E-mail: marcusdeminco@gmail.com

Website: http://marcusdeminco.com/

Blog: http://marcusdeminco.blogspot.com.br/

Twitter: https://twitter.com/marcusdeminco

Facebook: https://www.facebook.com/marcus.deminco

Pinterest: https://www.pinterest.com/marcusdeminco/

Instagram: @marcusdeminco

Youtube: https://www.youtube.com/channel/UCRu8yfSoLewjuX6GO6o7Nmw

G+: https://plus.google.com/u/0/114858320913983491464

Tumblr: http://deminco.tumblr.com/

Flickr: https://www.flickr.com/photos/143729713@N06/with/28004881736/

GoodReads: https://www.goodreads.com/author/show/7792932.Marcus_Deminco/

Pensador: https://pensador.uol.com.br/autor/marcus_deminco/

www.ingramcontent.com/pod-product-compliance
Lightning Source LLC
Chambersburg PA
CBHW072042280526
45788CB00006B/2155